姜邁先生
金鎮浩先生 共編

잘뽑은조선말과글의본

京城 漢城圖書株式會社 發行

잘뽑은 조선말과 글의 본의 벼리

三

잘뽑은 조선말과 글의 본

첫재쟝　소리

첫재절　발은소리

첫소리　열일곱자.

ㄱ(牙音)(엄기) 如君字初發聲 並書 如蝌字初發聲.

(풀이)ㄱ、소리가、엄니에있다함이오、군(君)의첫소리와같으며、깝아쓰면、깨(蝌)의첫소리와같으니라.

ㅋ(牙音)(엄키) 如快字初發聲.

(풀이)엄니ㅅ소리니、쾌(快)의첫소리와같으니라.

ㆁ(牙音)(용이) 如業字初發聲.

(풀이)엄니ㅅ소리니、업(業)의첫소리와같으니라.

ㄷ(舌音)(은되) 如斗字初發聲 並書 如覃字初發聲.

(풀이)혀ㅅ소리니,두(斗)의 첫소리와,같으며,깝아,쓰면,땀(覃)의 첫소
리와,같으니라.

ㄷ(舌音)(을)릐 如吞字初發聲.

(풀이)혓소리니,든(吞)의 첫소리와,같으니라.

ㄴ(舌音)(은)니 如那字初發聲.

(풀이)혓소리니,나(那)의 첫소리와,같으니라.

ㅂ(唇音)(읍)비 如彆字初發聲.

(풀이)입술소리니,별(彆)의 첫소리와,같으니라.
깝아,쓰면,뻡(步)의 첫소리와,같으니라.

ㅍ(唇音)(읖)피 如漂字初發聲.

(풀이)입술소리니,표(漂)의 첫소리와,같으니라.

ㅁ(唇音)(음)마 如彌字初發聲.

(풀이)입술소리니,미(彌)의 첫소리와,같으니라.

ㅈ(齒音)(읏,지) 如即字初發聲、並書如慈字初發聲。

(풀이)니ㅅ소리니,즉(即)의 첫 소리와같으며,갋아,쓰면,쯔(慈)의 첫소

ㅊ(齒音)(읏,치) 如侵字初發聲。

(풀이)니ㅅ소리니,침(侵)의 첫 소리와같으니라。

ㅅ(齒音)(읏,시) 如戌字初發聲、並書如邪字初發聲。

(풀이)니ㅅ소리니,술(戌)의 첫 소리와같으며,갋아쓰면,싸(邪)의 첫 소

ㆆ(喉音)(흫,히) 如挹字初發聲。

(풀이)묵소리니,흡(挹)의 첫 소리와같으며,그리고,이,소리는,너무약

한고로,입,밖,으로,드러나지않느니라。

ㅇ(喉音)(응,이) 如欲字初發聲。

(풀이)묵소리니,욕(欲)의 첫 소리와같으니라,그리고,이,소리도,너무

약한고로,입,밧으로,드러나지,많느니라.

ㅎ(喉音 히) 如虛字初發聲 並書 如洪字初發聲.

(풀이)묵소리니,허(虛)의 첫소리와,같으며,갋아쓰면,ᅘ(洪)의 첫소리와,같으니라.

ㄹ(半舌音 을리) 如閭字初發聲.

(풀이)반 혀ㅅ소리니,려(閭)의 첫소리와,같으니라.

△(半齒音 ᅀᅵ) 如穰字初發聲.

(풀이)반 니ㅅ소리니,샹(穰)의 첫소리와,같으며,그리고,이소리도 너무약한고로,입,밧으로,드러나지,않느니라.

가온대,소리,열한자.

ㆍ(오이) 如吞字中聲.

(풀이)튼(呑)의 가온대,소리와,같으니라.

一(으) 如卽字中聲.

(풀이)즉(卽)의 가온대,소리와,같으니라.

ㅡ
(으)
如即字中聲。
(풀이)즉(即)의 가온대 소리와 같으니라。

ㅣ
(이)
如侵字中聲。
(풀이)침(侵)의 가온대 소리와 같으니라。

ㅗ
(오)
如洪字中聲。
(풀이)홍(洪)의 가온대 소리와 같으니라。

ㅏ
(아)
如覃字中聲。
(풀이)담(覃)의 가온대 소리와 같으니라。

ㅜ
(우)
如君字中聲。
(풀이)군(君)의 가온대 소리와 같으니라。

ㅓ
(어)
如業字中聲。
(풀이)업(業)의 가온대 소리와 같으니라。

ㅛ
(요)
如欲字中聲。
(풀이)욕(欲)의 가온대 소리와 같으니라。

ㅑ(샤) 如穰字中聲。

(풀이)샹(穰)의 가온대 소리와 갈으니라。

ㅠ(유) 如戌字中聲。

(풀이)슐(戌)의 가온대 소리와 갈으니라。

ㅕ(여) 如彆字中聲。

(풀이)별(彆)의 가온대 소리와 갈으니라。

終聲復用初聲、○、連書脣音之下則爲脣輕音、初聲合用則並書、終聲

同、、一ㅗㅜㅛㅠ附書初聲之下、ㅣㅓㅏㅑㅕ附書於右、凡字必合而

成音、左加一點則去聲、二點則上聲、無則平聲、入聲加點同而促急。

(풀이)내 종소리는、다시 첫소리를、쓰며、

○、을 입술소리 아래에、닛어、쓰면、입술가비얍은 소리가 되고。

첫소리를 어울어 쓸 지면、나른이 쓸 지오、내 종소리 도、이와 갈으니

라。

、ー、ㅗ、ㅛ、ㅜ、ㅠ들을 첫소리 아래에 붙여 쓰고、ㅣ、ㅏ、ㅓ、ㅑ、ㅕ들을 옳

은편에 붙여 쓸지니 무릇 자(字)ㅣ 합하야만 소리를 내느니라。

왼편에 한점(點)을 더으면 맞높은소리(去聲) 요 점이 둘이면 처음이

낮고 내종이 높은소리(上聲) 요 점이 없으면 맞낮은소리(平聲) 요 빨

이글닫는소리(入聲)는 점더음은 같으되 빠르니라,

　　둘재절　소리내는 꼴、

(一)엄니ㅅ소리　ㅇ、ㄱ、ㅋ。

(풀이)ㅇ소리는 입을 조곰버리고 소리를 내되 엄니 얼품에서 굿이

게 할지니 ㅇ소리는 그중 약하게 내고 ㄱ소리는 ㅇ소리보더 조

곰 강하개 내며 ㅋ소리는 ㄱ소리보더 조곰더 강하개 내나니라。

(二)혀ㅅ소리　ㄴ、ㄷ、ㅌ、ㄹ。

이소리는 혀를 구부려 입천장에 대엿다가 뗄때에 내는소리 ㄴㄷ

소리는 혀를 입천장과 압니 얼품에 대엿다 뗄때에 내는소리요 ㄷ

소리는、혀를、입쳔장안으로、좀、더、듸리대엿다가、뗄때에、내는、소리

요、ㄴ소리는、혀를、ㄷ소리、내ㄹ때、보다、도、좀、더、듸리대엿다가、뗄때

에、내는、소리요、ㄹ소리는、혀의、반（半）소리인고로、혀를、구부려、입쳔

장에、대이락、말、낙할제、굴녀、내는、소리니라．

（三）입술소리、ㅁ、ㅂ、ㅍ。

（풀이）이소리는、위와、아래ㅅ입술을、맛대엿다、가、뗄때에、내는、소리

니、ㅁ소리는、그중、가븨엽게、내고、ㅂ소리는、좀、더、힘잇게、내고、ㅍ

소리는、좀、더、힘잇게、내느니라．

（四）ㄴㅅ소리、ㅅ、ㅈ、ㅊ。△。

（풀이）이소리는、입을、조곰버리고、소리를、내여、소리가、니ㅅ틈으로

나오는、소리니、ㅊ소리는、그중、강하게、내고、ㅈ소리보

더、조곰약하게、내고、ㅅ소리는、ㅈ소리보더、도약하게、내고、△소

리는、반（半）ㄴㅅ소리、안고、로、소리가、니에、다락、마락、하게、내는、소

리니라。

(五)묵소리、ㅇ、ㅎ、ㆆ。

(풀이)이소리들은、소리가목속에서、섞고밖에나오지않는소리니

ㅎ소리가、섞임소리에는、그중、강한소리니라。

(六)가온대소리、ㆍ、ㅡ、ㅣ、ㅗ、ㅏ、ㅜ、ㅓ、ㅛ、ㅑ、ㅠ、ㅕ。

(풀이)이소리들은、무슨꼴의소리던지、내고、그가온대소리를、잡음

인고로、그소리내는、꼴을、말할것이없느니라。

셋재절　씨(字)의짓음꼴。

(一)엄니ㅅ소리、셋씨、ㅇ、ㄱ、ㅋ의짓음。

(풀이)ㅇ씨는、펴면、ㅣ의꼴이될지며、ㅣ에한획을더으면ㄱ씨의꼴

이될지니、이에한획을더어、ㄱ소리의、좀더、강함을、보이면、ㅋ씨

가되나니라。그리고、ㅇ씨는、목구녕과목젓의꼴을、뜻한것이니

라。

(二)혀ㅅ소리넷씨、ㄴ、ㄷ、ㄸ、ㄹ、의짓음。

(풀이)ㄴ씨는、혀의굽은것을、뜻함인데、이에、한획을、더어、그、소리의

좀、더、큰것을、보이면、ㄷ씨가되고、이에、한획을、더어、그、소리의、좀

더、큰것을、보이면、ㄸ씨가되며、ㄴ씨에、ㄴ씨、하나를、더으고、그、가

온대에、한획을、그어、ㄴ씨를、반(半)으로、낳오음을、보이면、ㄹ씨가

되나니라。

(三)입술소리셋씨、ㅁ、ㅂ、ㅍ、의짓음

(풀이)입술소리、ㅁ씨는、입을、벌인것을、뜻함이며、ㅁ씨의、위편으로

두획을、더어、그、소리의、펴진것을、보이면、ㅂ씨가되고、ㅂ씨의、아

래에、또、두획을、더어、그、소리가、좀더、펴지고、강한것을、보이면、ㅍ

씨가되나니라。

(四)니ㅅ소리넷씨、ㅅ、ㅈ、ㅊ、△、의짓음。

(풀이)입술소리、ㅅ씨는、니의、슨것을、뜻함이요、ㅅ씨위에、한획을、더

어,그,소리의뭉치임을,보이면,ㅈ씨가,되고,ㅈ씨의위에,또한획

을,더어,그,소리의뭉치고무거움을,보이면,ㅊ씨가,되며,ㅅ씨아

래에,한획을,더,으면,△씨가,될지니,이는,셋편어로,ㅅ씨가,되야

ㅅ씨를,셋에,낳,오,은,반(半)소리됨을,보임이니라.

(五)묵소리,셋,씨,ㅇ,ㆆ,ㆅ,의짓음.

(풀이)묵소리,ㅇ씨는,묵구녕의,깔을,뜻함이오,ㆆ씨의위에,한획을

더어,그,소리의좀,더,낳,아,남,올,보이면,ㆅ씨가,되고,ㆆ씨,위에,또

한획을,더어,그,소리의좀,더,낳,아,남을,보이면,ㆅ씨가,되나니라

돌재쟝 소리의갈래.

첫재절 첫소리.

　　첫소리는,위에,적은,둘재쟝,첫재절,발은,소리에,보라

돌재절 가온대소리.

　　가온대소리는,위에,적은,돌재쟝,첫재절,발은,소리에

셋재절 끝소리

보라.

끝소리는, 위에 적은 돌재 쟝 첫재 절 발은 소리에 보라

넷재절 맑은소리

(풀이) 맑은 소리라 함은 가온대 소리의 ㅣ,ㅏ,ㅗ,ㅜ,ㅡ 들 소리를 말함이니라. 이 소리를 혹 홀소리라고도 하나니라.

다섯재절 홀인소리

(풀이) 홀인 소리는, 가온대 소리의 ㅑ,ㅕ,ㅛ,ㅠ,ㆍ 들의 소리를 말함이니라.

여섯재절 홀소리

(풀이) 홀소리는, 첫소리의 ㄱ,ㅇ,ㄷ,ㄴ,ㅂ,ㅁ,ㅈ,ㅅ,ㅇ,ㅎ,ㅇ,ㄹ 들의 소리니라. 그런데, 홀소리라 함은, 다시 낱을 수 없는, 소리를 말함이니라.

ㄷ와,ㅎ의,섞임소리.

일곱재절　섞임소리.

(풀이)섞임소리라함은,엇던,홀소리에,목소리인,ㅎ소리가

섞이어나오는소리이니,본보기를,들면아래와같으니

라.

(一)ㄱ와,ㅎ의,섞임소리.

ㄱ＋ㅎ＝ㅋ.

ㅎ＋ㄱ＝ㅋ.

(풀이)각하＝가가. 척후＝처쿠.

좋고＝조코. 많고＝만코.

정하고＝정코.

(二)ㄷ와,ㅎ의,섞임소리.

ㄷ＋ㅎ＝ㅌ.

ㅎ＋ㄷ＝ㅌ.

(풀이)좋다=조타。 옳다=올타

몯하고=모타고。 굳하여=구타여。

(三)ㅂ와ㅎ의섞임소리

ㅂ+ㅎ=ㅍ。

ㅎ+ㅂ=ㅍ。

(풀이)십호=시포。 깁히=기피。

좁히=조피。 넓히=널피。

갑흔=가픈。

(四)ㅈ와ㅎ의섞임소리

ㅈ+ㅎ=ㅊ。

ㅎ+ㅈ=ㅊ。

(풀이)닞히지=니치지。 하지정=정치。

여덜재절 겹소리。

(풀이)겹소리라 함은, 가온대 소리 즉 ㅏ,ㅓ,ㅗ,ㅜ,ㅣ,들의 소리에 ㅡ,ㅣ 소

리를 합하여 내는 소리이니 아래와 같으니라.

즉 ㅣ+ㅏ,ㅣ+ㅓ,ㅣ+ㅗ,ㅣ+ㅜ,ㅣ+ㅡ

ㅑ,ㅕ,ㅛ,ㅠ,、

과 가 되고, ㅡ,ㅜ 가 합하여 ㅠ 가 되고, ㅡ,ㅣ 가 합하여, 、 가 되나니라.

그런데 겹소리는, 혹, 홑인 소리라고도 하나니라.

아홉재절 쌍소리.

(一)첫소리의 쌍소리.

ㄲ 까치(鵲) 까다(剝) 꼭(礭) 꿈(夢)

ㄸ 떡(餠) 또(又) 뚜렷(宛然)

ㅃ 빠지다(溺) 뼈(骨) 뽑다(抽)

ㅆ 쌀(米) 쏘다(射) 씨(字)(種)

짜,짜 捺(製)　꽂(逐)

(二)끝소리의쌍소리。

77,깎(削)배,잡어지다(沛)

싸,있으니(有)

(三)끝소리의겹소리。

(풀이)겹소리는,홀소리이나,섞임소리를,말할것없이,서루,갖이않은,끝소리끼리,합하여,나른인이나,오는소리이닛,(가온대소리홀소리가합하야,겹소리되는것은,위에서,말하니라,혹시그자리를,바꾸으면,소리가,나오지아니함도,있느니라,그리고,전에는,겹소리를,첫소리에,쓰음이있으나(뜬파같은것)지금은쓰이지않느니라。

(보기)리의쓰임。

닭,맑은물。굵은밤。늙은사람,낡은신,읽은글,짊인고기,섥이,떡,칡

칡넌출。 진흙。 나무떪이 읽어。 굵어。

(보기)ㄺ의 쓰임。

젊은학생。 삶은밤。 굶은사람。 옮은병。 맑은아들。 젊어지다。

(보기)ㄻ의 쓰임。

넓은공원。 얇은조회。 슯은우룸。 여덟사람。 밟어라。

(보기)ㄼ의 쓰임。

숫방울。 옷밤이 맑고기

(보기)ㄽ의 쓰임。

핥어라。 훑어라。

(보기)ㄾ의 쓰임。

옳은사람。 긇은일。 싫은생각。 앓은돈。

(보기)ㅀ의 쓰임。

슮은맘。 읊은노래。

(보기)ᅜ 의 쓰임。

앉어라。 얹어라。 맜어서

(보기)ᅝ 의 쓰임。

일이많다。 일앉고먹으랴。

(보기)ᄡ 의 쓰임。

값이싸다。 탈없으면。

(보기)ᄮ 이 쓰임。

샀이적소。 몫이얼마요。

(보기)ᄯ 의 쓰임。

문밖에。

(四) 가온대소리의거듭소리。

(풀이)이는,홀소리와,홀소리,또는,홀소리와,겹소리가,합하야,나오는
소리니라。

(보기) ㅑ ㅣ ‖ ㅒ ㅓ ‖ ㅖ ㅗ ‖ ㅚ。

ㅜ ‖ ㅡ ‖ ㄱ ㅣ ‖ ㅓ ㅑ ‖ ㅕ ‖ ㅣ ㅗ ‖ ㅖ ㅛ ‖ 끼，

ㅣ ‖ ㅣ ㅏ ‖ ㅍ ㅗ ‖ ㅗ ㅏ ‖ ㅈ ㅗ ㅏ ‖ ㅐ ㅠ ‖ ㅐ ㅜ ‖ ㅐ ㅛ ‖ 쌔

ㅜ ㅏ ‖ 개 ㅛ ㅏ ‖ ㅐ ㅠ ㅓ ‖ 께 들 이 니 라。

익힘

(一)첫소리는무엇이오。　　　　　보기(1)

(二)가온대소리는무엇이오。　　　보기(2)

(三)끝소리는무엇이오。　　　　　보기(3)

(四)엄닛소리는무엇이오。　　　　보기(4)

(五)혀ㅅ소리는무엇이오。　　　　보기(5)

(六)입술소리는무엇이오。　　　　보기(6)

(七)니ㅅ소리는무엇이오。　　　　보기(7)

(八)목소리는무엇이오。　　　　　보기(8)

(九)맑은소리는,무엇이오。　　　　　　　　　　　보기(9)

(一〇)흘인소리는,무엇이오。　　　　　　　　　　보기(10)

(一一)홀소리는,무엇이오。　　　　　　　　　　　보기(11)

(一二)섞임소리는,무엇이오。　　　　　　　　　　보기(12)

(一三)겹소리는,무엇이오。　　　　　　　　　　　보기(13)

(一四)쌍소리는,무엇이오。　　　　　　　　　　　보기(14)

(一五)끝소리의겹소리는,무엇이오。　　　　　　　보기(15)

(一六)가온대소리의거듭소리는,무엇이오。　　　　보기(16)

(보기)(1) ㅇ,ㄱ,ㅋ,ㄴ,ㄷ,ㅌ,ㄹ,ㅅ,ㅈ,ㅊ,△,ㅁ,ㅂ,ㅍ,ㅇ,ㆆ,ㅎ。

(보기)(2) ㅣ,ㅡ,ㅗ,ㅜ,ㅏ,ㅓ,、,ㅛ,ㅠ,ㅑ,ㅕ。

(보기)(3) ㅇ,ㄱ,ㅋ,ㄴ,ㄷ,ㅌ,ㄹ,ㅅ,ㅈ,ㅊ,△,ㅁ,ㅂ,ㅍ,ㅇ,ㆆ,ㅎ。

(보기)(4) ㅇ,ㄱ,ㅋ。

(보기)(5) ㄴ,ㄷ,ㅌ,ㄹ。

〔보기〕(6) ㅁ、ㅂ、ㅍ。

〔보기〕(7) ㅅ、ㅈ、ㅊ、△。

〔보기〕(8) ㅇ、ㆆ、ㅎ。

〔보기〕(9) ㅣ、ㅡ、ㅗ、ㅜ、ㅏ、ㅓ。

〔보기〕(10) ㆍ、ㅛ、ㅠ、ㅑ、ㅕ。

〔보기〕(11) ㅣ、ㅡ、ㅗ、ㅜ、ㅏ、ㅓ。

〔보기〕(12) ㅋ、ㅌ、ㅍ、ㅊ。

〔보기〕(13) ㆍ、ㅛ、ㅠ、ㅑ、ㅕ、

〔보기〕(14) ㄲ、ㅆ、ㄸ、ㅃ、ㅉ。

〔보기〕(15) 리、라、래、라、ᄚ、ᄭ、ᄯ、ᅙ、ᄲ、ᄭ、디。

〔보기〕(16) 쎄、ᄱ、까、ᄧ、ᄢ、삐、ᄭ、ᄵ、ᅥ、ᄲ、ᄭ、께。

열재절　소리의 길고 짤음。

〔풀이〕　우리가 첫재 장발은 소리에 셔、소리의 길고 짤 은 것을、보 이 는

二一

본을 배온 지라, 즉, 씨의 왼편에, 한 점을 더 으면, 맞 높은 소리 요, 점이

둘이면, 처음이 낮고, 끝이 높은 소리 요, 겹이 없으면, 맞 낮은 소리 요

빨이, 글 닮는 소리는, 점 더 음은, 같으되, 빠르다 한 지라, 이에, 그, 본 보

기를, 들면, 아래와 같으니라.

(보기)

(一) ·검·검하다.

(二) ·굵은·밤. 깁은 밤.

(三) ·파리. 파리.

(四) 흰·눈. 밝은 눈.

(五) ·발·발.

(六) 경성. 경성.

(七) 종. 종.

(八) 금강. 금강.

(九) ·말. 말.

(十) ·밀· 밀·

(士) ·쥴· 쥴·

(士) ·굴· 굴· 들이니라.

셋재쟝 소리의 바꾸임.

첫재절 끝소리의 바꾸임.

(풀이) 소리가 바꾸이는 까닭은 혹시 두 소리가 련하여 나올제 위ㅅ소리의 끝이 밋소리로 나오지 않고, 달은 소리로 바꾸임이니, 이는 두 소리가 맞나는 까닭으로 그러함이어니와, 이를 쓸제는 반듯이 그 밋소리를 잡을지니라.

(보기) (1) ㄱ ㅇ ㄴ ㄹ ㅁ ㅇ 들 위에서는, ㅇ 으로 바꾸이나니라.

극남―궁남. 박람――방람.

악마 앙마. 백어――뱅어.

(보기) (2) ㅂ ㅇ ㄴ ㄹ ㅁ 들 위에서는, ㅁ 으로 바꾸이나니라.

갑년=감년 법률=범률.

밥맛=밤맛.

(보기)(3) ㅅ、ㅈ、ㅊ、ㄷ、ㅌ、ㅎ들이 ㄴ、ㄹ、ㅁ들의 위에서 ㄴ으로,바꾸이나니라.

옷나무=온나무。 갓모=간모。

젖는다=전는다。

좇는다=존는다。

받는다=반는다。 믿는다=민는다。

밭넘어=반너머。

낳는다=난는다。

(보기)(4) ㄴ,ㄹ들이서로맞으면ㄴ이ㄹ노,바꾸이던지ㄹ이ㄴ으로,바꾸이던지하나니라。

산림=살림。 천리=철리

연안리시=연안니시。

(보기)(5) 미이ㄱ의 위에서는 흔이 ㅇ으로,바꾸이나니라。

밤값=방값。남극=낭극

(보기)(6) ㄱ ㄷ,ㅂ,ㅅ,ㅈ,들 소리가서로맞으면아래ㅅ소리는,좀,강하

게나오나니라。

각갑=각깝 각답=각땁 묵밥=묵빱 국수=국쑤 늑

정이=늑쩡이。

받드러=받뜨러 밧바=밧빠 낫잡어=낫짭어들이니라。

둘재절 버릇소리바꾸임。

(풀이)소리는,흔이버릇으로,인하여,옳게내지못하고,언어한,비슷한

소리로,냄이있나니,말소리는,엇재든,한본을,작정하고,될수있는

대로,한결같이할지니라。

(一)ㄹ이,끝소리로,될제,흔이는,ㄹㄹ노바꾸이나니라。

(보기)날어=날어=날러、

•몰으=•몰르、

아울어=아울러

(二)ㅅ이끝소리로、될제ㆍ흔이는、ㅆ 으로、바꾸이나니라。

보앗으니=보앗스니。

(보기)잇으니=있으니=잇스니。

가앗엇소=가앗서소。

(三)ㄹ이、겹소리로、될제ㆍ흔이는、섞어짐이있나니라。

밥지=밥지。울지=우지。

(보기)닭도=닥도=흙도=흑도

팔지=파지。갈지=가지

(四)ㆍㅅ이○소리로될제ㆍ흔이는섞어짐이있나니라。

(보기)닛엇다=니엇다、이것=이거。

낫 으 면――나 으 면。

바 닷 갓――바 다 가。

(五)ㅂ ㅣ,ㄷ 끝 소 리 로,될 제,흔 이 는,섞 어 짐 이 있 나 니 라。

(보기)밟지――발지

춥 으 니――추 으 니, 덥 어 서――더 어 서

곱 으 니――고 으 니。

(六)ㅇ 이,끝 소 리 로,될 제,흔 이 는,섞 어 짐 이 있 나 니 라。

(보기)땅 도――따 도

(七)ㅎ 가,끝 소 리 로,될 제,흔 이 는,섞 어 짐 이 있 나 니 라。

(보기)놓 으 면――나 으 면, 놓 어 다――노 엇 다。

(八)ㄴ 이 서 로 맞 으 면,하 나 는,섞 어 짐 이 있 나 니 라。

(보기)간 난―― 가 난。 운 니―― 우 니。

(九)ㄴ 과,ㄴ 이 서 로 맞 으 면,하 나 는,ㄹ 로 바 꾸 임 이 있 나 니 라。

(보기)군 년=글 년,산 남=살 남.

긔 념=긔 렴。 만 년=말 년=천 년=철 년=년 년=녈 년。 안

녕=알 녕들이라。

(十)ㄹ 이,ㅑ,ㅓ,ㅗ,ㅜ,ㅡ 들의 첫 소리로,될제,ㄴ 으로,바 꾸 임이 있 나 니

라。

(보기)라 쥬=나 쥬。 로 인=노 인。

루 대=누 대。

(十一)ㄹ 과,ㄴ 이,ㅑ,ㅕ,ㅛ,ㅠ 들의 첫 소리로,될제,ㅇ 으로,바 꾸 임이 있 나

니라。

(보기)녀 학교=여 확교 닞엇다=잇엇다。

량 심=양 심。 료 리=요 리。

(十二)ㄷ 이,ㅑ,ㅕ,ㅛ,ㅠ,ㅣ 들의 첫 소리로,될 제,ㅈ 으로,바 꾸 임이 있 나 니

라。

(보기)통지==좋지。 뎡거댱==뎡거쟝들이니라。

(흘)ㄷ,ㅣ,ㅑ,ㅕ,ㅛ,ㅠ,들의첫소리로,될제,ㅊ으로,바꾸임이,있나니라。

(보기)련하==쳔하。 류튝==츄츅。
티국==치국들이니라,

세재절 소리의늘고,줄음。

(풀이)(一) 소리는,서로,맞음으로,인하여,혹은,졔소리대로,나오지,못
하고,혹,겞이기도하고,혹,쥴기도하나니라。그런데,겞이는소리는,
흔이,가온대,소리가,그러하나니,이는,가온대소리가,겞이는버릇
이있는,까닭이니라。

(보기)(一) 보아라==봐라。
　　　　주　어==줘。
　　　　가지어==가져。
　　　　흐라어==흐려。

오시어=오셔。

수이어=수여。

가시오=가쇼들이니라。

(풀이)(二) 入、ス、ㄷ、들、첫소리가 ㅏ의첫소리될제는、각々제소리대로
나오되、끝소리로、될제는、서로같으니라。

(보기)(二) 入+ㅏ=사。ス+ㅏ=자。ㄷ+ㅏ=다。
가+入=갓。가+ㄷ=같。가+ス=갓

(풀이)(三) ㅋ、ㄷ、ㅍ、ㅊ、소리들이끝소리될제는、ㄱ、ㄷ、ㅂ、ス들과같은소
리로、되나니라。(다만ㄹ소와맞는것을빼고)

(보기)(三) 아래에적은끝소리쓰임에보라。

넷재절 끝소리의쓰임。

(풀이)끝소리는、다시첫소리로、쓴다고、발은소리에、뚝々이、적엇으되、
지금에쓰이는、끝소리는、ㄱ、ㄴ、ㄹ、ㅁ、ㅂ、ㅅ、ㅇ일곱소리에、끗이나니、

이는、옳지안은 지라。그런고로、그대강을 져어、본을 짓고 저하노라。

(보기)(1) ㄷ의쓰임。

받을돈。곧은사람。단은문。엄은재조。군은맘。민을천구。걷은장막。쏠
은물。문은때。돋은해。들이니라。

(보기)(2) ㄹ의쓰임。

열은냇물。갈은재물。핥어먹어홅은벼。

맑은일。같은얼골。맡은냄새。붉은조희。

발에가자물에올나물에서곁에서들이니라。

(보기)(3) ㅍ의쓰임。

덮어없어깊은물。높은산。갚은빚。읊은시。앞으로。숲에서。짚으로。섶

(보기)(4) ㅈ의쓰임。

맞엇다。찾엇다。갖엇다。맞은점。낮은산。늦인저녁。젖은옷。찢은조희。

젖은개빛은술닞은근심앉은사람엎은옷꾸짖어긋어핀년출、

들이니라。

(보기)(5) ㅊ의쓰임。

좇어가다쫓어가다긋어라꽂으로꽂이요몇이냐빚이곱다돛을

달다들이니라。

(보기)(6) ㅎ의쓰임。

쌓은노적좋은사람낳은아기잃은물건많은돈싫은일옳은사람。

긇은인사않겟다놓고넣고낳은얼마들이니라。

　익　힘

(一) 소리의길고잘음을말하라。

(二) 소리의바꾸임은무엇이뇨。

(三) 버릇소리는무엇이뇨。

(四) 소리의늘고줄음을말하라。

(五) 끝소리의 쓰임을 말하라。

다섯재쟝 이름말。

첫재졀 이름말의 뜻

이름말은、모든、일이나、물건의、이름을、이르는말이니、이는、말、밋몸

이됨으로、몸말이라하나니라。보기를、들면아래와같으니사람조

선。금강산나무。짐승나라소리맘꿈돌서울들이니라。

둘재졀 이름말의 갈래。

이름말은、여러가지갈래가있나니、즉제이름대신이름、두가지가

있고、제이름에는、홀노이름두루이름있는、이름꼴없는이름네

가지가있으며、대신이름에는、사람대신이름셈대신이름가르침

대신이름、매임대신이름、모름대신이름다섯가지가있나니라。

(一) 제이름 (홀노두루꼴있는꼴없는)

(풀이)제이름은、모든일이나、물건을、바로、이름하는말이니。

(보기) ⑴ 홀노 이름.

조선,한양,막니지(벼슬이름) 한가온날,금강산,을 지문덕(사람이름)
들이니라.

(보기) ⑵ 두루이름.

사람,나라,쌍,벼슬,집,나무,산,물,들이니라.

(보기) ⑶ 낄있는이름.

산,돌,나무,글시,그림,책,학교,들이니라.

(보기) ⑷ 낄없누,이름.

맘,뜻,슬기,아츰,저녁,노래,근심,질거움,격정,들이니라.

(二)대신이름 (사람대신셈대신가르침대신매임대신모름대신)

(풀이) ⑴ 사람대신이름은,사람에게쓰이는,대신말이니,저가,저를
대신하는,이름과,저와,두사람이,마주대신하는,이름과,저와,남
두사람밖에,또다른,남을,대신하는말과,모름을,대신하는말이,있

나니,아래에(보기)를 만들어 보이노라.

(저대신이름)나,내,저,제,우리,들.

(마주대신이름)너,네,자네,그대,당신,로형,들.

(남대신이름)그,그이,그분,저제이,들,그리고,여릿을,대신할제는,네,쏘는

덜,리,를쓰나니,우리,네,그대덜,그대네,와같으니라.

(모름대신이름)누구,아모,뉘,언의사람,들.

(풀이)(2) 셈대신이름은,무엇을,헤아름에,쓰이는대신이름이니,그

갈래를,들면,첫재는,낫셈이니,이는,아모,이름,아래도,붙이지않고,

그대로,셈만헤아름이요,둘재는,일이나물건에대하여,헤아름이니

(一) 낫셈의헤아름.

하나,둘,셋,넷,다섯,여섯,닐곱,여듦,아홉,열,스물,설흔,마흔,쉬흔,예순

일흔,여든,아혼,백,천,만,

한둘,두셋,서너,대여숫,여닐곱,닐여듧,이니라.

(二) 물건셈의 헤아름。

(풀이) 무슨 물건을 헤아름에는, 낯셈말 아래에 무슨 일이나, 물건의 이름을 붙이어 쓰는 것이니, 이러케 할 제는 셈말이 얼마쯤 바꾸임이 있는 지라, 아래에 그 대강을 적노라。

(첫재) 기리, 부피, 무게, 돈, 들을 헤아름。

(보기) (一)

셈말	기리	부피	무게	돈
일 한 마장	자,치,푼,길,간,	섬,말,되,홉,	근,량,돈,푼,	량,돈,푼,닢,
이 두 마장	자,치,푼,길,	섬,말,되,홉,	근,량,돈,푼,	량,돈,푼,닢,
세 자, 서 자, 석 자, 삼 마장	자,치,길,간,	말,되,홉,	근,돈,푼,	닢,돈,푼,

내 너 넉	사	다섯 닷 대	오	여섯 엿	여 예	륙	닐곱 칠	여듧 팔	아홉 구
자、치、길、간、	마장	자、치、길、간、	마장	자、치、길、간、	자	마장、푼、	자、치、길、간、	자、치、길、간、 마장、푼、홉、	마장푼、
말、되、홉、 섬、되、	섬、되、	섬、말、되、홉、	섬、	섬、말、되、홉、	섬、	홉、	섬、말、되、홉	섬、말、되、홉、	섬、말、되、
근、돈、푼、	근、	근、량、돈、	근、	근、량、돈、	근、	푼、	근、량、돈、	근、량、돈、	근、량、돈
닢、돈、푼、	량、돈、	닢、량、돈、	푼、	닢、량、돈、	푼、	푼、	푼、량、돈、닢、	량、돈、닢、	푼、량、돈、닢、
량	닢								

열	자、길、간、	섬、말、되、	근、량、	냥、
반	자、치、길、푼、	섬、말、되、홉、	근、	푼、

반이라함을혹(가옷)이라고도하나니자가옷되가옷들과같으니라。

(둘재) 때를、헤아름。 (보기) (二)

해셈	달셈	날	셈	시셈
한 해	한 달	하루、초하루、		한 시
두 해	두 달	잇흘、잇흣날		두 시
일 해	세 달	사흘、사흣날		세 시
세 해	넉 달	나흘、나흣날		네 시
네 해	닷 달	닷쇄、가잿날		다섯시
다섯해	다섯달			

여섯해	여섯달	엿새、엿새날	여엇시
닐곱해	닐곱달	닐헤、닐헷날	닐곱시
여듧해	여듧달	여들헤、여들헤날	여듧시
아홉해	아홉달	아흘헤、아흘헤날	아홉시
십 년	열 달	열흘、열흘날	열 시
열한해	열한달	열하루、열하루날	열한시
열두해	열두달	열닛흘、열닛흘날	열두시
		보름、보름날	
		스므날、	
		한달、금음날	

(뜻 둘것)

이 밖에 도、무슨 채례를、셈에 는(번)또 는(재)들、붙이어、한번、두번、세번
첫재、둘재、셋재 라 함이、있 고、또 는、무 슨、물건 의 바탕에 다르어、한 머
리、두개、세자루、네군대、다섯주、여섯포기、일곱밤이여、듧두둑、열바

리한두번,두세채,네닷무덤,한덩어리,두동들의 이름,말이 있나니

형편에 따르어 쓸지니라,

(풀이)(3) 가르참대신이름은,첫재무슨물것이나발오가르치지 않

고,그갈래만가르치는말이니갓가운것중간것먼것이밖에것들

을가르침이있고,그다음에는,무엇을,뚝싯이가르처자리나향방

이나,때를대신함이있나니아래의(보기와같으니라。

(보기)(1) 가르참대신이름。

갓가움	중간	먼	그 밖
이,여,요,	그,고,거,	조,저,(것)	어,느의희(것)

(보기)(2) 자리,향,방들을 가르참

자	리	향	방
곳,긔,되	릭,되,쪽,편	제,매	매

둘재절　이름말의 알음

(풀이)이름말은、무슨것이던지、그끝소리를、인하야、알수잇나니라。

(一)끝소리가(기)일때의이름말 (움죽임말이이름말노바꾸입( )표안에쓴것은움죽임말)

(보기)쓰기(쓰)보기(보)캐기(캐)주기(주)먹기(먹)

(二)끝소리가(개)일때의이름말 (위와갈음)

(보기)덥개(덥)집개(집)싸개(싸)

(三)끝소리가(ㅁ)일때의이름말 (위와갈음)

(보기)꿈(꾸)쌈(싸)뜀(뛰)춤(추)

(四)끝소리가(음)일때의이름말 (위와갈음)

(보기)먹음(먹)읽음(읽)반음(반)살음(살)죽음(죽)적음(적)녹음(녹)

(五)끌소리가(ㄱ)일때의이름말 (끌말이이름말노바구임)

(보기)높기(높)크기(크)좋기(좋)넓기(넓) ( ) (안에쓴것은끌말)

(六)끌소리가(ㅇ)일때의이름말.

(보기)길이(길)높이(높)값이(값).

(七)끌소리가(ㅁ)일때의이름말.

(보기)푸름(푸르)큼(크)힘(희)씀(쓰).

(八)끌소리가(게)이나(위)일때의이름말.

(보기)무게(무거우)치위(치우)더위(더우)들과같으니라.

셋재절 이름말의쓰임.

(풀이)이름말의쓰임은,임자풀어딸임,매임의네가지가있나니,이를,

따로따로,말하면아래와같으니라.

(一)임자라함은,말의주장으로쓰임이니,보기를,들면.

꽃이웃고,새가운다.

라 하면,이 꽃과,새의 두 이름 말은,이 와,가 의 도 음 말 율,더 하 여,웃

과,율의 임 자 가,된 것 이 니라.

(二) 또 이 위의 두 말 을,느리어 아래와,같 이 쓰 면,폴 이 가 되 나 니,보 기

를,들 면,웃 는 것 은,꽃 이 오.

울 는 것 은,새 니라,함 과 같 으오.

(三) 또 이 위 의 두 말 을,바 꾸 어 아래 와,같 이 쓰 면,딸 림 이 되 나 니,보 기

를,들 면 꽃 의 웃 음.

새 의 울 음,이 라 함 과 같 으 며.

(四) 또 이 위 의 두 말 을,바 꾸 어,아래 와,같 이 쓰 면,매 임 이 될 지 니,이 는,

엇 더 한 움 죽 임 말 이 나,끌 말 위 에,더 하 여,이 에,매 이 어,쓰 이 는 것

율,보 이 는 것 이 니,보 기 를 들 면.

꽃 보 더,곱 다.

새 에게,편 지 를,전 하 다.

꽃으로,방셕한다。

새를잡엇다라,참과같으니라。

그러함으로,뚝같은이름말이지마는,그쓰임이,이럿듯,달게되

는것은,그도음말의달음을,따르어글의째임이,또한다른,까닭

이니라。

넷재절 이름말의더듬。

(풀이)이름말은,그쓰이는바에,딸아바꾸임이,있으나,니,제몸은,바꾸이

지아니하고,뜻만바꾸임을,뜻바꿈이라하고,혹,낄말이,나,움즉임

말,노,바꾸임을몸바꿈이라하며,그쓰이는법은,항상밋말의위에

나아래에,말을더하던지,덜하야되나니라,보기를들면,아

래와같으니라。

(보기) (一) 뜻바꿈。

(보기)(二) 깔말노바꾸임.

돌 ‖ 숱돌옷 핫옷

스숭스숭님 사람 들

손· ‖ 솜씨 엽 엽생이

(보기)(三) 움죽임말노바꾸임.

슬 기슬기룸 사람 사람스럽

내 냅

생 각생각하 빛 빛 외

(보기)(四) 이름말이나,움죽임말을,더하던지,덜하던지하야바꾸임.

솝, 옷솜 옷 가탁찌 가락찌

우, 옷옷 옷불, 손 불손

물, 넘기무넘기

익 힘

(一) 홀노이름은무엇이뇨.

(二) 두루이름？

(三) 꼴잇는이름？

(四) 꼴업는이름？

(五) 사람대신이름？

(六) 셈대신이름？

(七) 가르침대신이름？

(八) 이름말의아름？

(九) 이름말의쓰임？

(十) 이름말의더들？

다섯재쟝 꼴 말

첫재 절　씀 말의 뜻

씀 말은, 이름 말(대신이름말써지)의 위와 아래에 붙이여, 그 얽어 한 것

을, 낱아내는 말이니, 보기를 들면

(一) 쫓은 붉고, 솔은 풀 으다.

　흰 눈과 검은 먹。

(二) 산은 높고, 달은 밝다。

　·긴 대와 맑은 물。

(三) 맘이 질검다。

　좋은 의 깃분 소식 들

의 「붉 풀 으 흰 검」 「높 작 긴 맑」

「질검 좋 깃분」들은, 다 이름 말의 씀을 보이는 말이니라。

둘재 절　씀 말의 갈래。

씀 말은, 두 결의 큰 갈래가 있나니 하나 는, 밑 씀 말이 오, 둘재 는, 바꿈

꼴말이라하나니라。

(보기)(一) 밋꼴말。

크,작,많,적,희,붉,검,누르,기,짤 으,높,낮,깊,얇,넓,좁,슯,엷,부,깃,부,질,겁들

(보기)(二) 바꿈꼴말。

적막하이,샹하괴이하。

산아희답계집답사람답。

험샹시럽사람시럽새롭。

가고십,보고십,먹고십。

될상부르,줄상부르,들이니라。

셋재절 꼴말쓰임의갈래。(一)

꼴말은,그쓰이는형편에딸으어,두갈래의짓음이있나니,첫재는,

그밋말대로,그냥쓰이는것이오,둘재는,그밋말의한편이바꾸여,

쓰이는것이라,(보기)를,들면。

〔보기〕(一) 밋말대로 쓰이는 것.

차다·크다·곧다.

차앗다·크엇다·곧엇다.

차·겟다·크겟다·곧겟다.

〔보기〕(二) 밋말의 한편이바꾸인것.

길다·춥다·기니추으니·

길엇다·추엇다·긴날추은밤.

길겟다·춥겟다·들이니라.

끝말쓰임의갈래(二)

끝말의쓰임은(이제)(지남)(옴)의세때와·막굿임반(半)굿임이름

말붓임움즉임말붓임·지남·옴·꿈임아님·(모름도)의아홉래가있나

니·아래에따로다로·말하노라.

(一) 끝말이(이제)、(지남)、(옴)의세때를·보이는것.

(1) 끌말이이제를、보임에대하여몸말에、붙이려면「ㄴ」은을、쓰나니라。

(보기)차다깃부다밝다들끌말에대하야。

찬、물、깃부、니、일밝、은、달。

(2) 끌말이(지남)을보임에대하여는「앗,엇」을,쓰고,몸말에불이려면

「던」을쓰나니라。

(보기)차앗다깃부엇다밝엇다。

차던물차앗던물깃부던일깃부엇던일밝던달밝엇던달。

(3) 끌말이(옴)을보이려면「겟」을쓰고몸말에는「ㄹ,을」쓰나니라

(보기)차겟다깃부겟다밝겟다。

찰물깃불일밝을달。

(4) 끌말아(막긋임반긋임몸말불임움즉임말불임지남옴몸말바꿈임말바꿈아니들의태를、보이는데는、아래에、젹음과같이

일매지게,쓰임이있나니(보기)를자서이보라。

밋말	차	짜	맛나	깃부	입부	밧부	크으	달으·풀으	누으르·숨으르
막굿임	(1)다	(2)앗엇다	(3)겟다	(1)다	(2)엇다	(3)엇다	(1)다	(2)엇다	(3)겟다
반굿임	(1)며고	(2)앗으고며	(3)겟으고며	(1)며고	(2)엇으고며	(3)겟으고며	(1)고며	(2)엇으고며	(3)겟으고던
몸말불임 / 말불임움즉임	(1)ㄴ엇던	(2)면	(3)ㄹ	(1)ㄴ	(2)엇던	(3)ㄹ	(1)ㄴ	(2)엇던	(3)ㄹ
지남	아			어			어		
	니		니까	니		니까	니까		니
음	(1)면	(2)으앗면		(1)면	(2)으엇면		(1)면	(2)으엇면	
몸말바꿈 / 말바꿈꿈임말	ㅁ	기		ㅁ	기		ㅁ	기	
	게			게			게		
아니	지			지			지		

힘하	착하	커하	어설피	시	계시	서리	흐리	회
(3)겟다	(2)엇다	(1)다	(3)겟다	(2)엇다	(1)다	(3)겟다	(2)엇다	(1)다
(3)겟으고며	(2)엇으고며	(1)며고	(3)겟으고며	(2)엇으고며	(1)며고	(3)겟으고며	(2)엇으고며	(1)며고
(3)ㄹ	(2)엇던던	(1)ㄴ	(3)ㄹ	(2)엇던던	(1)ㄴ	(3)ㄹ	(3)엇던던	(1)ㄴ
	어			어			어	
니까		니	니까		니	니까		니
(2)면엇으		면	(2)면엇으		면	(2)면엇으		면
기		ㅁ	기		ㅁ	기		ㅁ
	재			재			재	
	지			지			지	

(보기)둘재, 끝소리에 매인 끝말.

이 밧에 도 곤, 젊, 검, 좁, 넓, 슳, 있, 같, 좋, 많. 점 잩, 높, 갎, 엷, 두텁, 들 낄 말은 다 이와 같으니라 (몸말은 이름말과 같음)

(보기) 셋재 가온대소리에 매인 끝말의 또한 갈래.

오른쪽 표 (작·적, 붉)

밋말	작(小)·적(少)	붉다(時) 붉
막꿎임	(1) 다 (2) 엇다 (3) 겟다	(1) 으며 (2) 엇으며 (3) 겟으며
반꿎임	(1) 으고 (2) 엇으고 (3) 겟으며	
몸임	(1) 은 (2) 엇던 (3) 을	어
말불임	어	으니까
지남	으니까 / 면엇으	기
옴	기	겟
말바꿈임	겟	지
아니	지	

왼쪽 표 (기, 지)

밋말	기	지
막꿎임	(1) ㄴ다 (2) ㄹ엇다 (3) ㄹ겟다	(1) ㄹ다 (2) ㄹ엇다 (3) ㄹ겟다
반꿎임	(1) ㄴ며고 (2) ㄹ엇고 (3) ㄹ겟으며	(1) ㄹ며 (2) ㄹ엇으며 (3) ㄹ
몸말임불	(1) ㄴ (2) ㄹ엇던 (3) ㄹ	(1) ㄴ (2) ㄹ엇던 면 어
움즉임말불임	면	
지남	니	니까 (2) ㄹ엇으면
옴	ㄹ음 / ㄹ기	ㄹ이
몸말바꿈임	ㄹ음 / ㄹ기	ㄹ재
말바꿈임	ㄹ게 / ㄹ재	ㄹ재
아니	ㄹ지	

이 밖에 잘 다, 달 다, 멀 다, 걸 다, 들의 끝 말 도 이 와 같 음

(보기) 넷재 끝 소리에 매인 끝 말의 또 한 갈래.

밋 말	막 임 곳	반 임 곳	몸밀임불 움죽불임ㅂ	지 남	옴	몸말꿈바	꿈임말꿈바아니
춤	(1) 다 (1) 으고며 (1) ㅂ으고	(1) ㅂ은 (1) ㅂ던	ㅂ 어	ㅂ 으 니	ㅂ 으 면	ㅂ 음	바 아 니
	(2) ㅂ엇다 (2) ㅂ엇으며	(2) ㅂ엇던	ㅂ 으 니 까				
	(3) 겟다 (3) 겟으며	(3) ㅂ 을	(2) ㅂ엇으면	ㅂ 이	기	개	지

말 은 다 이 와 같 으 니 라.

그리고, 끝 소리가, ㅂ 인 끝 말 은, 혹 은, 버 릇 으 로, 인 하 여, ㅓ ㅣ 들 위 에 서 는, ㅂ 의 소 리 가, 석 어 짐 이 있 나 니 라, 그 리 하 여, (ㅂ) 소 리 의 대 신 으 로 (ㅜ) 소 리 를 냄 이 있 나 니, (보 기) 를 들 면 ㅂ = ㅜ.

춤 이 = 추 ㅜ 이 = 추 위.

이 밖에, 덥, 묵, 업, 쉽, 어렵, 곱, 밉, 부 럽, 아 름 답, 웁, 새 롭, 사 나 웁, 들 끝

五四

덥이==더ㅜ이==더위.

무겁이==무거ㅜ이==묵어워,

쉽으면==쉬우으면==쉬우면들이니라.

넷재절 가르침꼴말.

(풀이)가르침꼴말이라함은,꼴말이,홀노있을제는,엇더한뜻도,되지 안는말에,「이,그,저,엇,엇던」들의가르침이름말을,붙어쓰는말이니,

(보기)를,들면,아래와같으니라.

(보기) 이러하. 그러하. 저러하 엇던하.

이따위. 그따위. 저따위 엇던따위.

이까짓. 그까짓. 저까짓 들이니라.

그런데,따위,까짓,이라는말은,특이맛당치못하거나,또는,비웃는

뜻을,가진것이니,이런꼴말을쓸졔는,조심할것이니라.

그리고,(하)는,원래묵소리인고로,소리가약하여,표나지않기쉬운

고로, 이러한은, 혹이런으로, 그러한은, 져러런
으로, 엇더한은, 엇던으로, 바꾸임이, 있나니, 이러할지라도, 무방하
니라.

다섯재절 꼴말의바꾸임.

(풀이)꼴말은, 혹바꾸여, 이름말도되고, 움즉임말, 꿈임말, 들이되는수
가, 있으며, 혹은, 그꼴말의뜻을, 더욱뚝ㅅ하게함도, 있나니, 아래의
보기를, 보라.

(보기)(1) 꼴말이, 이름말노, 바꾸이는것은, 『ㅁ, 음, 기, 이』들을, 더하나니.

꼴말	이름말	꼴말	이름말
짜	찜	맛나	맛나기
차	참	작	작기
숩	숩음	넓	넓이
곤	곤음	높	높이

깊　　　깊이

열　　　열음　　　들

〔보기〕(2) 끝말이, 움즉임말노, 바꾸임.

끝말　　움즉임말　　　끝말　　움즉임말

반갑다　반갑어한다　　반가워　반가워한다

마섭다　미섭어한다　　미서워　미서워한다

믿다　　믿어한다　　　미워　　미워한다

입부다　입부어한다　　입붜　　입붜한다

싫다　　싫어한다　　　좋다　　좋어한다

〔보기〕(3) 끝말이, 꿈임말노, 바꾸임.

(풀이)끝말이, 꿈임말노, 바꾸임에는 『게,니,히』들을 더하나니라.

끝말　　꿈임말　　　끝말　　꿈임말

크，　　크게，　　　붉，　　붉게，

밝，　　밝게，　　　작，　　•작게

놉· 높· 높히· 깊· 깊히·

·쉬· 쉬히· ·멀· ·멀니·

빨· 빨니· 게을· 게을니· 들이니라·

·여섯재절 깔말의더 하고 들함·

(풀이)깔말의더·들은·깔말의위나·아래에·움즉임말이나·이름말이나·또는·깔말을·더하던지·들하던지하여·밋깔말의·뜻을바꾸는것·

(보기)갈다란(가늘) 커다란(커) 넓다란(넓) 좁다란(좁) 높다란(높)

·굵다란(굵) ·곱다란(곱) ·걸다란(걸) ·되다란(되) 엷다란(엷) 둑

겁다란(다란온다라한의줄임)

길직(길) 큼직(크) 놉직(높) 넓직(넓) 굵직(굵) 되직(되) 묵직

(묵) 묵근 얇한(얇) 깊욱(깊) 물신(물으) 좁듸좁(좁) ·걸듸걸(걸)

얇듸얇(얇) 되듸된(되) ·검듸검(검) 입부장(입) 밉살머리(입)

·놀아(눌으) ·팔아(풀으) ·밝아(붉으) ·하야(희) ·감아(검) ·말아(맑) ·눌언

(풀오) ·펼언(풀으) ·벌언(붉) ·허연(회) ·검언(검)

새밝아 (밝) 솅검(검) 길주(길) 짤막(짤) 검붉(검,붉) 재바르(재,

(뜻 둘 것)이 위에,적은 은 끝 말 밖에 도,이러한 것이,허다 하거니와,이러한

끝 말 들 은,대개 는,밋 끝 말 의 뜻 을 더 욱 세 게 하 거 나,또 는,약 하 게,혹

은,열 게 하 는 데 에,쓰 이 는 것 이 니,글 월 을,꿈 이 는 데 에,가 장 자 미 있

는 것 이 니 라.

일곱재절 끝말의 알음

(풀이)끝 말 과,움 죽 임 말 의 쓰 임 은,그 끝 이,대 개 같 으 나,특 이 달 은 것 이

있음 으 로 써,끝 말 과,움 죽 임 말 은,자 연 아 라 내 기 어 렵 지 아 니 하 나

니,죽,그 달 은 것 은,끝 말 과,움 죽 임 말 의 막 굿 임 과,몸 말 붙 임 의 이 제

때 울,표 하 는 것 으 로,알 지 니,움 죽 임 말 에 는,막 굿 임 이 제 때,를 포 할

제 그 말 말 과,도 음 말(다)의 사 이 에,가 온 대 소 리 아 래 에 는,(ㄴ)끝 소 리

아래에는、(는)을 쓰 고、몸 말 붙임 이 제 때 를、표함 에는、(은)을 쓰 되、끝 말

에는、막 굿 임 에、때 말 을 쓰 지 않 고、도 음 말 이 곳 붙 으 며、몸 말 붙 임 이

제 때 를、표 함 에 는、가 온 대 소 리 아 래 에、(ㄴ)끝 소 리 아 래 에、(은)의 때 말

을 쓰 나 니 라。

(보기) (막 굿 임 이 제)　(몸 말 붙 임 이 제)

끌
말 { 짜 다。
　　 놉 다。 　　　 희 ㄴ 눈。
　　　　　　　　　 맑 은 물。

움 죽
말 { 가 다。 　　　 뛰 는 말。
　　 먹 는 다。 　　 집 는 떡。

여덜재졀　끌 말 의 쓰 임

끌 말 의 쓰 임 은、풀 이 달 임 매 임 의 세 가 지 가 있 으 니、이 를 따 루 따 로、

말 하 노 라。

(一)

풀 이 로 쓰 임 은、아 래 와 같 으 니。

뜻이크다。

힘이적다라함과같으니라。

(二)
딸임으로쓰임은아래와같으니。

큰뜻이있도다。

(三)
매임으로쓰임은아래와같으니라。

적은힘으로엇지하랴함과같으니라。

뜻을크게가지어라。

힘이적이쓰이면이라함과같으니라。

익힘。

(一) 밋꼴말?

(二) 바꿈꼴말?

(三) 꼴말쓰임갈래?

(四) 가르침꼴말?

(五) 끌 말의 알음 ?

(六) 끌 말의 쓰임 ?

아래 적음에서, 끌 말을 찾으라。

(1) 좋은 경치를, 사랑하지 않는 사람이 누구요。

(2) 좁은 곳 도, 넓은 듯 하개 보이는 것은, 정하개 한 까닭이요。

(3) 향긔로운 꽃과 새로운 닢이, 사람의 정신을, 상쾌하개 한다。

(4) 부드러운 것은, 능히 강한 것을 제어한다。

(5) 어리적은 사람은, 답ㅅ한 소리만 한다。

(6) 맑숙한 하날에, 둥구렷케 달이 떳다。

여섯재장 움죽임말。

첫재졀 움죽임말의 뜻。

(풀이)움죽임말은, 무슨 일이나, 물건의 움죽임을, 표하는 말이니, 이는, 반듯이 일음말에 붙어서, 그, 직분을, 이루는 것이라, (보기)를, 들면,

사람이,가오,가는,사람。

밥을,먹소。먹는,밥이라。하면。

『가,먹』들은,움즉임말이니라。

움즉임말이,그,움즉분을,다,하려함에는,반듯이,그,말밋아래에,때ㅅ말과,도음말을,더,하여야,할지니,움말의,겯에,를,따르어,그,때ㅅ말과,또는,돔말,도,일정한것이,있어서,그,멋가지,본만,알면,엇더한,움즉임말이던지,쓸수있나니라。 (돔,도음말,은,움즉임말의,줄임)

(보기)움즉임말이,쓰임에,대하여,때ㅅ말과,돔말의,쓰임。

바람이부오。　(오는,돔말)

부는바람。　(는은,때ㅅ말)

글을넑는다。　(는은,때ㅅ말,다는,돔말)

넑는글。　(은은,때ㅅ말)

신문을보면　(면은,돔말)

볼신문　　　（ㄹ은,때ㅅ말）

밥을먹으니。　（으니는,돔말）

먹던밥。　　（던은때ㅅ말）

떡을먹소。　　（소는,돔말）

사람이갓음니다。（ㅅ은때ㅅ말,음니다는,돔말）

불을켜읍니다。（읍니다는,돔말）

　　　돌재절　움죽임말의갈래

（一）움죽임말,짓음의갈래。

（풀이）움죽임말을,짓음에는,두갈래가있나니,그하나는처음부터움죽임말노,된것이오,그둘재는,처음에는움죽임말노된것이아니나,두말이서로맞아,움죽임말노되는것이니（보기）를,들면,아래와같으니라。

자。가。않。보。두。먹。잡얿파。문。팔사。（이는처음부터움죽임말노됨）

운동하ㅇ 말하ㅇ 노래하ㅇ 좋어하ㅇ 질겁어하ㅇ

다름질하ㅇ 노여하ㅇ (이는 처음 웅즉임말이 아니나, 두 말이, 맞아 웅즉임말 노 됨)

(二) 웅즉임말의 밧탕과 차림의 갈래ㅇ

(풀이) 웅즉임말의 바탕과 차림의 갈래는, 네 결노 냥오나니, 첫재는, 저

가저의 웅즉임을 보이는 것, 둘재는, 남에게, 웅즉임을 더하는 것, 셋

재는, 남을 웅즉이개 하려고, 웅즉이는 것, 넷재는, 남에게 웅즉임을

입는 웅즉임이니, 아래에 따로다 (보기)들 드노라ㅇ

(보기)(1) 저 웅즉임말

가ㅇ 자ㅇ 사ㅇ 피ㅇ 두ㅇ 말하ㅇ 좋어하ㅇ

앓ㅇ 녹ㅇ 죽ㅇ 묵ㅇ 깜ㅇ 읍ㅇ 들ㅇ

(보기)(2) 남 웅즉임말

보ㅇ 딸이ㅇ 불으ㅇ 타ㅇ

먹ㅇ 잡ㅇ 엇ㅇ 핥ㅇ 훑ㅇ 들ㅇ

(보기)(3) 거듭,남움즉임말。

먹이。　보이。　벗기。　업히。　들。

(보기)(4) 입움즉임말。

맞떼우。　밟히。　채이。　들。

셋재졀　움즉임말의 바꾸임。

(풀이)위에말한여러가지,움즉임말은,일정불변하는것이아니라,엇더한,도음말을,붙임에따르어여러가지,바꾸임이생기나니,혹저움즉임말이,남움즉임말노,바꾸이기도하고,남움즉임말이저움즉임말노,바꾸이기도하나니,아래에,따로,보기를드노라。

(보기)(一) 저움즉임말이,남움즉임말노,바꾸이는것。(이러함에는,기이히우어티리)들의여섯가지,돔말을,붙이나니라。

(一)기를붙이어되는것。

(二) ㄴ를 붙이어 되는 것.

밋말	저움죽임말	남움죽임말
숨	숨엇소	숨기엇소
남	남엇소	남기엇소
웃	웃는다	웃기엇다

밋말	저움죽임말	남움죽임말
날	날어가다	날닌다
살	살엇다	살닌다
•울	울엇소	울닌다
•돌	돌어간다	돌닌다
말오	말으엇소	말니시오
굴으.	•굴은다	굴니시오

을 으 올 은 다

을 니 ㄴ 다

그런데(날。살。울。돌)들의 밋말은(나。사。우。도)들노잡음이있고(말 으굴으올 으)들의 밋말우,남움죽임말노바꾸일때는(으)를쓰지아니함.

(三) 이。를붙이어되는것.

밋말	저움죽임말	남움죽임말
녹	녹엇소	녹이엇소
죽	죽엇소	죽이엇소
깨	깨엇소	깨이엇소
붇	붇엇소	붇이엇소
들	들엇소	들이엇소
긁	긁엇소	긁이엇소
•줄	줄엇소	줄이엇소
지나	지나갓소	지나이(지내)다

•다 나　다 앗 소　다 이 다
•라 이　라 ㄴ 다　라 이 (래) 오
•놀 나　놀 낫 소　놀나이 (놀내) 오

그런데, (들줄)들의 밋말은, (드주)의 밋말 노,잡기도 함.

(四) 히,를 붙이어 되는 것.

밋말	저울 죽임말	남울 죽임말
맞	맞엇소	맞히엇소
묻	묻엇소	굳히엇소
굳	굳엇소	굳히엇소
맺	맺엇소	맺히엇소
썩	썩엇소	썩히엇소
식	식엇소	식히엇소
묵	묵엇소	묵히엇소

(五) 우를, 붙이어 되는 것.

밋말	저울죽임말	남움죽임말
닐	닐엇소	닐우엇소
건	건엇다	건우엇소
빛이	빛이엇다	빛이우엇다
서이	서엇소	서이(세)우다
덥	덥는다	덥이(데)우다
돌	돌엇다	돌우다
피엇	피엇다	피우다

(六) 어티리를, 붙이어 되는 것.

밋말	저움죽일말	남움죽임말
넘어지	넘어지엇다	넘어티리엇다

(七) 저움즉임말과 남움즉임말의 밋말이 갖이안은것.

문어지	문어지엇다	문어리엇다
뗄어지	떨어지엇다	떨어리엇다
붓어지	붓어지엇다	붓어리엇다
잡어지	잡어지엇다	잡어리엇다
불어지	불어지엇다	불어리엇다

밋말	저움즉임말	밋말	남움즉임말
가	가다	보내	보내다

(보기)(二) 남움즉임말이 저움즉임말노 바꾸이는것.

(1) 기를 붙이어된것.

안	밋말	남움즉임말	저움즉임말
	안	남움즉임말	저움즉임말
아기를안엇소			
아기가안기엇소			

밋말	남움죽임말	저움죽임말
감	눈을감으시오	눈이감기오
잠그	문을잠그시오	문이잠기엇소

(2) 니를,부이어된것.

(잠그)는저움말노바꾸일제(잠으)로됨

밋말	남움죽임말	저움죽임말
열	문을열엇다	문이열니엇다
걸	옷을걸엇다	옷이걸니엇소
들	소리를들엇다	소리가들니오
떨	손을떨엇소	손이떨니오

(3) 이를,부이어되는것.

밋말	남움죽임말	저움죽임말
보	글을본다	산이보인다

파	우물을 파앗소	땅이 파이엇소
모	사람을 모은다	사람이 모인다
쓰	돈을 쓰시오	돈이 쓰인다
쌓	노적을 쌓엇소	나무가 이엇다
엎	그릇을 엎엇소	그릇이 엎이엇소
덮	밭을 덮엇다	밭이 덮이엇다

쓰이는줄여서쓰로도,쓰나너돈을써 혹은글씨를씌들노,쓰임이

있음.

(ㅋ) 히를,붙이어되는것.

밋말	남음 즉 임 말	저움 즉 임 말
먹	밥을먹엇소	밥이먹히오
잡	집생을잡엇소	손에일이잡힌다
업	아기를업엇다	아기가업히엇다

접	조회가접히엇다	조회를접엇다
밟	땅을밟엇다	땅이밟히엇다
막	구멍을막엇다	긔가막힌다

(5) 어지를붙이어되는것.

밋말	남움즉임말	저움즉임말
벗	옷을벗엇다	옷이벗어지오
끓	줄을끓엇다	줄이끓어지오
풀	약을풀엇다	어름이풀어지오

남움즉임말노부터저움즉임말이된것에는어지를붙어도아무
바꿈이없나니(감기어지걸니어지쓰이어지먹히어지들과같
으며,

어리를남움즉임말에더하여도아무바꿈이없나니열어티

리파아티리엎어티리끊어티리들과같으니라。

보기 三) 남움죽임말이거듭남움죽임말노바꾸임。

밋말	남움죽임말	저움죽임말	거듭、남、움죽임말	
감	감	감기	아기의눈을감기어라	
•안	•안	안기	아기는하인에게안기시오	(뜻물것)
들	들(드)	들니	그이재말하여들니시오	거듭남움
•걸	•걸(거)	걸니	옷은그아희에게걸니시오	죽임말노
보	보	보이	생도에게그림을보이어라	될때에는
먹	먹	먹히	아희에게밥을먹이어라	도음말
업	업	업히	하인에게아기를업히어라	(를、에
밟	밟	밟히	노인이손자에게허리를밟히인다	재)들의
벗	벗	벗어지	그이의옷을벗기어라	쓰임을살
쓰	쓰	쓰이	글시를씨우겟소	피라

보기 (4) 남움죽임말과 입움죽임말.

(一) 남움죽임말과, 입움죽임말의 밋말이, 같은 것.

밋말	남움죽임말	입움죽임말	보기 (뜻물것) 위와가틈
빼앗	빼앗	빼앗기	돈을빼앗기엇소
·감으	·감으	감기	동무에게, 눈을감기엇소
찔으	찔으	찔니	가시(에게)를찔니엇소
빨	빨	빼니	젓을빨니엇소
차	차	차이	말에게차이엇소
쏘	쏘	쏘이	벌에게쏘이엇소
파	파	파이	일군, 이주인에게밧을파이엇소
먹	먹	먹히	남에게돈을먹히엇다

(二) 남움죽임말과 입움죽임말의 밋말이 달은 것.

남움즉임말	보　　기	입움즉임말	보　　기
따리	복동을 따린다	맞	복동이가 맞엇다
꾸짓	생도를 꾸짓엇다	들	생도가 걱정 들엇다
가르치	글을 가르친다	배우	선생에게 산술을 배우다
속이	남을 속인다	속	남에게 속엇다
하	삭군을 고용한다	되	삭군으로 고용되엇다

익　힘

아래에 적은 글월 속에서, 모든 결의 움즉임말을 차저내시오.

(1) 눈이 녹으면 싹이 나옴니다.

(2) 날이 따듯하면, 꽃이 피겟지오.

(3) 선생이 생도에게 글을 가르치신다.

(4) 글도 널리 고, 글씨도 씨우신다.

(5) 병아리가 솔개에게 차이다.

(6) 복동은 맞고 순복은 따리엇다.

(7) 장마비가 토담을 넘어티리엇소.

(8) 하날은 맑고 바람은 잔々한데 사람은 놈니다.

넷재절 움즉임말의 때.

(풀이) 움즉임말의 때는, 이제, 지남, 옴의 세 결노 낭오나니, 엇던것이던 지반듯이도 음말을 불어야할것이오, 또는, 그때말도, 한결같으니라.

(보기)(1) 이제를 표함에는『ㄴ,는』을 쓰며, 몸말불임에는『는』을 씀.

가ㄴ다. 먹는다.

가는사람. 먹는밤.

(보기)(2) 지남을 표함에는 『앗,엇』을 쓰며

몸말붙임에는、『ㄴ、은、던』을 씀。

가앗다　두엇다　먹엇다

가ㄴ사람、　가던사람、　두ㄴ바둑、　두던바둑。

먹은밥　먹던밥

(보기)(3) 옴을포함에는『겟』을、쓰고、몸말붙임에는、『ㄹ』을、씀。

가겟다、　두겟다。　먹겟다。

가ㄹ사람。　둘바둑。　먹을밥。

다섯재절　움즉임말의쓰임갈래。

(풀이)움즉임말은、그움즉임의뜻을드러냄과、또는、다른말과、붙이기

때문으로、그말이온갓꼴을내나니、이를움즉임말의쓰임갈래라

하나니라、

움즉임말의쓰임갈래는、아홉가지에、낳오나니、　(一)막굿임　(二)

반굿임　(三)몸말붙임　(四)움즉임말붙임　(五)지남　(六)옴　(七)

몸말바꿈 （八）부림 （九）금지,들이며,움즉임말 붙임은,끌말붙임

도안기고,금지에는,아니와,그러함도,안기우니라.

그리고,막긋임에는,이제지남,옴의세째로,낳오나니,아래에보기

를,들면.

움즉임말（보）를,아홉갈래로,낳오면.

（一）막긋임
｛
이제＝보나다。 보오。
지남＝보앗다。 보앗소。
옴＝보겟다。 보겟소。
｝

（二）반긋임
｛
이제＝보고。 보며。
지남＝보앗고。 보앗으며。
옴＝보겟고。 보겟으며。
｝

（三）몸말붙임
｛
이제＝보는책.
지남＝보ㄴ책보던책（보앗던책）
｝

(四) 움즉임말붙임

（움즉임말==보아 알엇다.
　보게가지어온다.
　（옴==볼책））

꼲말==보기싫다

(五) 지남==보니(보니까)본즉
옴==보면 보앗으면(지남의 뜻을 낌).

(六) 옴==보면

(七) 몸말바꿈==봄,보기.

(八) 부림==보아라.

(九) ⎰금지==보지마아라(말어라).
　　⎱아니==보지않는다.
　　⎰그러==그만보지오.

위에적은것은,움즉임말속에서하나를,뺀 것인데가온대소리,또는,끝소리의 까닭이라던지,쓰임의 까닭들 노,인하여,조곰식 달은 뜻도 있을것은 알것이라.

○ 즉 말의 쓰임。

〔보기〕(一) 가온대소리에매인것의쓰임

밑말	사내나자가	오	보
막긋임	(一)ㄴ다 (二)앗다 (三)겠다	(一)ㄴ다 (二)앗다 (三)겠다	(ㄴ)다 (二)앗다 (三)겠다
반긋임	(一)며고 (二)앗고으며 (三)겠으며	(一)며고 (二)앗고으며 (三)겟으며	(一)며고 (二)앗고으며 (三)겟으며
몸말불임 / 울음말불임	(一)는 (二)던ㄴ (三)ㄹ	(一)는 (二)런누 (三)ㄹ	(一)는 (二)던ㄴ (三)ㄹ
지남	아,게,기 개아 기(꼴) (二)ㄴ죽 까,니,니	아 재아 기(꼴) 니 니까 죽 나	아 게아 기(꼴) (二)ㄴ죽 니 니까
움	(二)앗으면 면	(二)앗으면 면	(二)앗으면 면
몸바굼말	기 ㅁ	기 ㅁ	기 ㅁ
부림	아라	(ㄴ어라) 아라	아라
금지	지	지	지

살지 치지			불으 끌으 을으			추 두			서 켜		
(三)	(二)	(一)	(三)	(二)	(一)	(三)	(二)	(一)	(三)	(二)	(一)
겟다	엇다	ㄴ다	겟다	엇다	ㄴ다	겟다	엇다	ㄴ다	겟다	엇다	ㄴ다
겟으고며	엇으며	며고며	겟으고며	엇으고며	머고며	겟으고며	엇으며	머고며	겟으고며	엇으며	머고며
(三) ㄹ	(二) 던	(一) ㄴ는	(三) ㄹ	(二) 던	(一) ㄴ는	(三) ㄹ	(二) 던	(一) ㄴ는	(三) ㄹ	(二) 던	(一) ㄴ는
기	(끝)	게어	기	(끝)	게어	기	(끝)	게어	기	(끝)	게어
ㄴ주	나	니 까	ㄴ주	나	니 까	ㄴ주	나	니 까	ㄴ주	나	니 까
	(二)엇으면	면		(二)엇으면	면		(二)엇으면	면		(二)엇으면	면
가	ㅁ		기	ㅁ		기	ㅁ		가	ㅁ	
	어	라		어	리		어	라		어	라
지			지			지			지		

(보기)(二) 끝소리에매인움즉임말의쓰임

안	신	닭 막 굵 읽 먹	몸말	하	검하
(一) 는다	(二) 엇다	(一) 는다 (二) 엇다 (三) 겟다	막곳임	(一) ㄴ다 (二) 엇다 (三) 겟다	(一) 는다 (二) 엇다 (三) 겟다
(一) 으며 (二) 엇으고며	(二) 엇으고며 (一) 으며	(一) 으며고 (二) 엇으고며 (三) 겟으며	반곳임	(一) 며고 (二) 엇으고며 (三) 겟으며	(一) 으며고 (二) 엇으고며 (三) 겟으며
(一) 는 (二) 던 (三) 을	(一) 는 (二) 던 (三) 을	(一) 는 (二) 던 (三) 을	몸말임불	(一) 는 (二) ㄴ던 (三) ㄹ	움불죽임말
기(끝) 재어	기(끝) 재어	기(끝) 재어	움불죽임말	기(끝) 재어	지남
(一) 으니까 (二) 으니 죽	으니 으니까	(二) 엇으면 으니 으니까 죽	지남	ㅇ ㄴ 니까 죽 니	(一) 으니까 으니 죽
(一) 으면 (二) 엇으면	은 으면	(一) 으면 은 죽	음	(二) 엇으면 면	(一) 으면 은
기 음	기 음	이 기 음	몸말바꿈	기 ㅁ	이 기 음
어	어	어	부림	어	어
라	라	라	금지	라	라
지	지	지		지	지

(보기二) 가온대 소리에 매인 움 죽임말의 쓰임의 또한 갈래.

밟	(一) 는 다	(一) 으고 으며	(一) 는 개어	으니	으면	옴	어	파	
얻	(二) 엇 다	(二) 으고 으며	(二) 은던	으니	으면	옴	어	기(끝)	
굴	(三) 겟 다	(三) 으고 으며	을	은죽	(二) 엇으면	기			지

(보기三) 밋말

밋말	막궂임	반궂임	몸말임불 움죽임말임불	지남	움	몸말 바꿈	부림	금지
사	(一) ㄴ다	(一) ㄴ고	(一) 는 ㄹ재어	ㄹ기(끝)	움	몸말 바꿈	부림	금지
	(二) ㄹ엇다	(二) ㄹ엇고 으며	(二) ㄴ 니까	ㄴ죽				
	(三) ㄹ겟다	(三) ㄹ겟 으며	(三) ㄹ 던	ㄹ면	ㄹ음		ㄹ어라	ㄹ지
			ㄴ죽	(二) ㄹ엇으면 ㄹ기				
				ㄹ이				

(보기四) 끝 소리에 매인 움 죽임말의 쓰임의 또한 갈래.

이밖에, (어·노·조·우·부·드·느·감 으·미·비)들은, 다, 이러하니라。

밑말	눕	돕	짓 · 붓 · 낫 · 닛	들	걸	깨달
막굿임	(一)는다 / (二)엇다 / (三)겟다	(一)는다 / (二)엇다 / (三)겟다	(一)는다 / (二)ㅅ엇다 / (三)겟다	(一)ㄷ는다 / (二)엇다 / (三)ㄷ겟다	(一)ㄷ는다 / (二)엇다 / (三)겟다	(一)ㄷ는다 / (二)엇다 / (三)ㄷ겟다
반굿임	(ㅅ)으고 으며 / (二)엇고 으며 / (三)겟고 으며	(一)으고 으며 / (二)엇고 으며 / (三)겟고 으며	(一)ㅅ고 으며 / (二)ㅅ엇고 으며 / (三)겟고 으며	(一)ㄷ고 으며 / (二)엇고 으며 / (三)ㄷ겟으고 으며	(一)ㄷ고 으며 / (二)엇고 으며 / (三)ㄷ겟으고 으며	(一)ㄷ고 으며 / (二)엇으고 으며 / (三)ㄷ겟으고 으며
모말임붙	(ㅅ)는 / (ㅅ)던은 / (ㅂ)을	(ㅅ)던은 / 는 / (ㅂ)을	(一)는 / (二)ㅅ던은 / (三)ㅅ을	(一)ㄷ는 / (二)ㄷ은던 / (三)을	(一)ㄷ는 / (二)ㄷ은던 / (三)을	(一)ㄷ는 / (二)ㄷ은던 / (三)을
움즉임말임붙	기(끝)	재어	(ㅅ)기(끝)	어, ㄷ게	ㄷ기(끝)	어, ㄷ게
지남	(ㅅ)으니까 으니 / 은즉	으니까 으니 / 은즉	(ㅅ)으니까 ㅅ으니 / ㅅ으니까	(ㅅ)으니 으니까	으니까 / 으니	운즉 으니까 으니
음	으면 / 엇으면	으면 / 엇으면	(ㅅ)으면 / ㅅ엇으면	으면 / 엇으면	으면	엇으면 으면
바몸 꿈말	(ㅂ)이 / 기	음 / 기	(ㅅ)음 / 기	(ㅅ)음 / 기	음 / 디기	어 / 음 / 디기
부림	(ㅂ)어라	(ㅂ)어라	(ㅅ)어라	(ㅅ)어라	라	라
금지	지	지	지	지	ㄷ지	ㄷ지

여섯째절 음즉임말의 바꾸임.

(풀이)움즉임말은,일음말이나,또는,꼴말노바꾸임이있나니,(보기)
를,들면,(자)가,(잡)으로,(먹)이,먹음으로,됨은,일음말노바꾸임이
오,(사랑하)가,사랑홉으로,(먹)이,먹음으로,됨은,꼴말노바꾸
임이라.그리고,움즉임말은,그,쓰이는바를,따라,몸은,바꾸이지아
니하나,뜻이바꾸임이있고,또는,뜻이나,몸이다,바꾸임이있나니,
아래에,(보기)를,드노라.

(보기)(1)돌이돌우돌돌어,신집신신,신는들

이는,몸은,그대로,있고,뜻은,바꾸임.

(보기)(2)(남)남어지.(열)열매.(먹)먹기.

(보)봄.(갈)갈래들.

(보기)(3)(놀라)놀랍.(믿)믿브,믿,를,더하며,ㅣ를,덜고,

이는,어지매,기,ㅁ,을,더하거나,를,덜고,래,를,더하야,바꾸임.
(질기)질겁들은,브,ㅂ,를,더하야,바꾸임.

엽을더하야바꾸임。

(보기)⑷(열닯)여달。(들,나)드나。(메,끈)메끈。(묵,발)묵발。

이는,움즉임말이,서로,닛어서,다시,움즉임말노,움즉임말파,이름

말기,닛어서,이름말이,된것이니,움즉임말은,이러릇바꾸임이많

으니라。

　일곱재졀　움즉임말쓰임의자리。

(풀이)움즉임말의쓰임은,풀이딸임,매임의,세가지가있으니,이를,따

로,따로,말하면,아래와같으니라。

(一)풀이로쓰임。

사람이웃는다。칼이벽에걸이엇다。

저애가떡을먹는다。

내가책을그에게주을가。

이말의,웃,걸이,먹,주,을들은,풀이니,곳,사람,칼,떡,책들,임쟈의,풀이

로、쓰임이라。

(二) 딸님으로、쓰임

웃는사람、벽에、걸넌칼、먹는떡、그에게、주은책。

이말의、웃걸인、먹주는들은、딸임이니、곳사람칼떡책들의딸임으

로、쓰임이라。

(三)
매임으로、쓰임。

사람을、웃게한다、칼을、걸이게한다、떡을먹어야、좋겟다、책을、그에게、주어야하겟다。

이말의웃걸이먹주어들은、매임이니、곳게이게어야들의도음말

을더하야、한하、좋겟들의매임으로、쓰임이라。

익힘。

(一) 옴죽임말의때？

(二) 움죽임말의짓음갈래？

(三) 움죽임말의 쓰임갈래?

(四) 움죽임말의 바꾸임?

(五) 움죽임말 쓰임의 자리?

　　일곱재장　움즘말。

　　첫재절　움즘말의 뜻。

(풀이) 움즘말은,움죽임말이나,찔말이나,또는,움즘말에,붙어서,그밑
말의 뜻을,여러 갈래로,움이어 주는 말이니,(보기)를,들면

오날은,더,춥소。

이벼는,매우,늦인씨이오。

나는,곳,가겟습니다。

이꽃은,퍽,늦게,피엇소,라하면

[더,매우,곳,퍽]들은,다,움즘말이니라。

　　둘재절　움즘말의 갈래。

꿈임말은, 그 수가 심히 많은 고로, 그 가닥도, 또 한 적지 아니한지라 이에, 이를 두 갈래에 냏오면, 첫재는, 본래 꿈임말, 둘재는, 바꾸임 꿈임말 이니라.

(一)
본래 꿈임말 (이는 그 가닥이 퍽 많으나 아래에 대충 드노라)

•잘	이제	그처럼	반작반작
•늘	다만	잇다금	얼음얼음
•다	혹시	좀처럼	덜넝덜넝
좀	모도	마츰내	쪼각쪼각
•덜		오히려	앗득앗득
참	벌서	이처럼	작근작근
왜	발서	반듯이	휘청휘청
끝	거진	일죽이	들먹들먹
더	얼는	끔찍이	혼들혼들
썩	고대	차알히	출넝출넝

뚝	조금	아모리	울녕울녕
하	족금	부루루	엇재던지
픽	오직	우수수	
꼭	악가	도리혀	엇지하던
글세	겨우	합부로	
	굼하여		

〔보기〕

(1) 저사람은, 늘, 글만읽소.

(2) 그아희는 참, 잘생기엇소.

(3) 자네는, 잇다, 금웬일인가.

(4) 너는, 글세왜, 그리하느냐.

(5) 등불이, 반작반작빛이인다.

(6) 나무입이, 우수수, 떠러진다.

(7) 샛밝아하다샛밝아타.

• 을,그린것은,꿈임말.

(二) 바꾸여된,꿈임말.

이는,꿀말이나,이름말이나,또는,다른말노브터바꾸여,꿈임말노

된것이니아래에따로따로말하노랑.

(1) 꿀말이바꾸여된것.

이는,꿀말에「게,히,니」들,도음말을,붙이나니랑.

옳게	정하게	저러하게	무던히
크게	머되게	단ᄉ하게	가만히
굵게	가늘게	번ᄉ하게	뚝ᄉ히
십게	어렵게	뚝ᄉ하게	가둑히
춤게	모질게	엇더하게	이갈이
희게	입부게	만ᄉ하게	어저간히

(보기)

(一) ·모질·게·생긴 목숨이·오래·산다.

(二) ·너·엇·지·늦·게·오느냐.

(三) ·길·히·탄식 한다.

(四) 멀니·떠난·친구에게·쉬·히·오기를·바란다.

• ·표를·그린 것은·굼임말.

(2) 이름말이·바꾸여·된 것.

(보기)

길 노	길이로	럴섭오로
·들 노	나날이	다달히 때때로

(3) 다른 말 노、브 터 바 꾸 여 된 것。

(一) 일군은 들·노 가더라。

(二) 피는 꽃은 나 날이 닮어 지오。

　●올 그린 것은 꿈 임말。

별노	우연히	제출물에	분명히
심히	비상히	불가불	속속히
파히	공연히	귀어히	의외에
필경	이상히	별안간에	졸디에
종종	결단코	의례히	대단히
가령	내종에	미상불	미구에

[보기]

(一) 결단코 그러치 않소。

(二) 우레소리가은은 히、、오。

(三)우연히맛나아쟈연히졍들어대단히친밀하더니,졸디에,멀이

떠나게되니,속히,맛날긔회가잇을넌지쟈연히섭々하외다.

ㅡ를,그린것은,꿈임말.

셋재졀 꿈임말의쓰임.

(풀이)꿈임말의쓰임은별노,한결의작졍이,업스나,그,쓰임의자리를

보아대강갈음이,잇나니,쳣재는,움죽임꼴을,꿈임이,오,둘재는,빗,

셋재는,건줌. 넷재는,알음. 다섯재는,때. 여섯재는,제침. 일

곱재는,가르침. 들이라,아래에,따로따로,(보기)를드노라.

(보기)(一)움죽임말꿈임.

물이,철々,흐르어가ㄴ다.

물이,출넝고이엇다.

새가,활々,날으은다.

아희가,빨이,온다,라.하면,철々,출넝들이,나,활々,빨이,들은,흐름과,

고 임과, 날 음과, 옴을, 꿈 이여, 말 함인고 로, 이 는, 움 즉 임 말 을 꿈 임 이

며.

(보기)(二) 빛 꿈 임　(빛 은·성 품 도 결 합)

달 이 매 우 밝 다.

날 이 심 히 춥 다.

방 이 너 무 덥 다.

그 사 람 은 퍽 착 하 다 라 하 면,

「매 우 심 히 너 무 퍽」들 은 달 이 나 날 이 나 방 사 람 들 의 찬 것 밝 은 것,

춥 은 것 착 한 것 들 을 꿈 이 여 말 한 것.

(보기)(三) 견 줌 을 꿈 임.

이 아 회 는 저 아 회 보 더 글 율 잘 읽 더 라.

매 화 는 눈 보 더 더 회 더 라

달 이 별 보 더 휠 신 밝 다.

이조희가, 가장, 조흥다, 라하면,

「잘더훨신가장」들은이아희와져아희, 매화와, 눈, 달과, 별들
의두것을, 견주어, 그중하나를, 꿈임인고로, 견줌, 꿈임이라함이
라. (견줌을 꿈임에는, 「보더」라는, 닛음말을씀)

(보기)(四) 알음, 꿈임.

그사람은, 참, 어질다.

이일은, 아마, 되리라.

그것은, 응당, 그러할걸.

그리하면, 필경랑패하리라라하면,

「참, 아마, 응당, 필경」들은, 어질되, 그러랑패들의, 아름을, 꿈이는말
인고로이를아름, 꿈임말이라함이라.

(보기)(五) 때, 꿈임.

그아희는, 글을, 늘, 잘읽더라.

어려운일은, 각금각금 있나니라.

착한일은, 지례 말고, 곳 하여라.

이책은, 언제사 사나냐라 하면,

늘, 잘, 각금, 곳, 언제 들은, 읽, 있, 하여사, 들의 때를 꿈임인고로, 이를,

때 꿈임이라 함이라.

(보기)(六) 제 첨 꿈임.

어름이 엇지 더우리오.

뜻이 없으면, 일을 못 일우나니라라 하면,

엇지, 못 들은, 그, 안될것을 꿈임인고로, 이를 제 첨 꿈임이라 함이 라.

(보기)(七) 가르침 꿈임.

이리오너라.

그리 말어라.

저리가거라라하면,

「이리,저리,그리」들은,이,그,저,들의 자리를,꿈임인고로,이를,가르

침꿈임이라함이라。

익힘。

(一) 꿈임말의갈래?

(二) 꿈임말의쓰임?

여덟재쟝　도음말。

첫재졀　도음말의뜻。

(풀이)도음말은,움죽임말이나,또는,낄말이름말,아래에붙어서써,그,

다하지못한,뜻을도으며,또는,윗말과,아래말을,닛어서써,그,뜻을,

확실하게하는들,여러가지,쓰임이있나니,우리말에,일은바,토라

하는것이니라。

(보기)들,들면,

꽃·이·피·옵·니·다. 피·니. 피·어·서. 피·면. 피·고·라 하던지

밥·을·먹·는 다. 먹·으·오 먹 소·먹·으·옵·니·다·먹·습·니·다·먹·으·니·먹·어·서·먹

으·면. 먹·고·라 하면,

「다·오·옵·니 다」니·어·서·면. 고·소·습·니 다」들은, (피·먹)들·의·움·죽·임 말 아래

에·붙·이·어·그·움·죽·임 의·뜻·을·이·루·는 것·이·며,

「이·올」들·은·이 름 말 아래 에 붙·이·어 (꽃·파·밥·이 라 는·임 자 를·드·러 내 는

것·이·며,

날·이·차·다·차 오·차·니·차 면·이 라 하던지 꽃·이·붉·다·붉 소·붉·으·니·붉·으

면·이 라 하면,

「다·오·이·면」들·은·끌 말 아래 에·붙·어·써·그·참·과·붉 음 을·이·루·는 말 이·며,

「이」는·또 한·날 파·꽃·이 라 는·임 자 를·드·러 내 는 도 음 말 이니라.

　둘재절　　도 음 말 의 갈내.

(풀·이)도 음 말 은·그·쓰 임 의 따 르 어·낳 오 면·아 래 와·같 으·니·곳「움·죽·임 말

불이끌말붙이이름말붙이이막굳임반굳임닛음풀이까닭이룸부
림바람。그럼。물음。말음。아님。미룸헤아름늗임채레때들의、가닭이、
있나니아래에따로、말하노라。

(一) 움즉임말붙임。

가아보시오가아서보시오

집어먹엇소집어서먹엇소

보아야알겟소먹어야살겟소。

보라고하오먹으라고하오

(아아서어서아야어야라고、(이는、움즉임말이서로、닛을제、쓰이

는、도음말)

가기쉽다、보고싶다。

(기、고)이는、움즉임말과、끌말이서로、닛을제、쓰이는것)

(二) 끌말붙임。

차아쓸수없오 차아서쓸수없오

검어입지못하오 검어서입지못하오

붉기쉽다.

(아아서어어서)들은, 끝말과, 움즉임말이닛을제, 쓰이는것이오,

(기)는, 끝말과끝말이닛을제, 쓰인것이라

(3) 이름말붙임. (아래에따로말하노라)

(4) 막곳임.

(풀이)이는, 움즉임말이나, 끝말에, 붙어, 그, 말의, 끝을, 맺는것이니, (보

기)를, 들면,

간다? 가오? 가옵니다? 보앗소? 보겟습니다? 춥소이다? 라하면,

(다. 오. 읍니다. 소. 습니다. 소이다) 들과같은것은, 도음말이니라. 그

리고도음말은, 그, 위ㅅ말의, 끝소리로, 인하여, 달음이있나니, 아래

에, 그, 즁요한것을, 드노라.

〔보기〕

움 죽임 말

	말밑	
	가온대소리	두보

네(ㄴ)
다
지아(어)요
지오
아(어)라
냐
마 나 니느오 메

	말밑	
	끝소리	벗먹

네(는)
다
지어요
지어라오
데어
으데
나 니느소 오
냐

	말밑	
	가온대소리	희짜

다
지아(어)요
지오이
아(어)이
오 데 오
니 냐
이 니 니라가
다 다 가
오읍읍리ㄴ

	말밑	
	끝소리	좀붉

다
어이
지어요
지오
어오
으데
습으으은으으소으
닛읍리가니냐
가닛라
가

끌 말

一〇四

첫째 조각

리라
릿가
읍니가
읍니다
렴으나
ㄹ너으라나
더이라
더이다이다
읍소셔
소셔나
읍소셔

니라
느니라
도다
는도다
리로다

둘째 조각

으릿가
으릿가
으옵닛가
습니다
으렴으나
을너으라
더이라
더더이다이다
으더이다이다
습나이다
나나이다
으나이다
습나이다
소셔
으옵소셔

도다
느니라
으니라
으옵소셔
소셔
느니라
도다

셋째 조각

더렴으나
더이라
더이다이다
읍나이다
읍나이다

니라
니도다
리로다
ㄹ지어다
ㄹ지로다
리지오
더니오라
렷다라

넷째 조각

으옵니다
습나이다
소이오다
으렴으나
더이라
더더이다이다
으더이다이다
습나이다
으나이다
도다느니라
으나이다
을지니로다
을지어다
을지로다
으리라
으지오
더니라
으렷다

ㄹ지니라	는도다		
ㄹ지어다	으리로다		
ㄹ지로다	을지니라		
아(어)지이다	을지어다		
ㄹ리오	을지로다		
더니라	어지이다		
렷다	으리오	ㄹ가	을가
고지고	더니라	나고	나고
ㄹ가고	으렷다		
ㄹ나고	고지고	ㄹ나고	을나고
	을가고		
	을나고		

(뜻 둘 것)

(一) 끝소리 아래에는, (으)를 붙임이 있으나, 무슨 별 뜻은 없고.

(二) 이제,지남,옴들의 때를, 표하려면, 도 음말 위에 때말 울더 을지며.

(三) (옵)이,드는,도 음말 은, 혼이 는, (오)를 떼고 (ㅂ)만 쓰임이 있어,

(ㅂ니다) (ㅂ지오)들 노, 소리 냄이 잇느니라.

(5) 반곳임.

(풀이 반곳임도 음말도 움 죽임말이나, 끝말 들에 붙어 말을 줍지하는 것이니, (보기)를 들면, 글읽고 글씨도 쓴다.

산을 보며 그림을 그린다.

운동을 하다가 목욕을 한다 라 고 하면

고 며. (하며)다 가들은 반곳임도 음말이니라

(보기)

(말 말)보(도음말)고며다가.

(말 말)읽(도음말)고 으며다가.

(말 말)회. (도음말)고며다가.

(말 말)줍. (도음말)고 으며다가.

(6) 풀이로쓰이는것

사람은 일하고 사 느니라.

산.은.금강산이제일.아름다우니라

어제밤에는.잠.을.잘.자엇는데

발.서.꽂이핀인즉

그사람이.옳.은데

(풀이)위에적은. (ㄴ.니.라.니.라.는데.인즉)들.은.혹.풀이로써.말.을

끌.이.기.도.하.고.혹.풀이.로.써.말.을.줖.지.하.기.도.한것이니.이.는.다.도

음.말.노.쓰.임.이.라.

(7)까닭.을.말하는데.쓰.이.는.것.

봄.이.되.니.꽂.이.피.오.

썩.을.먹.으.니.배.가.불.으.오.

바.람.이.불.매.배.가.가.오.

글.을.닑.으.나.뜻.을.모.르.오.

넑.고.서.도.몰.으.오.

넑을 지라 도, 몰으오.

넑으나, 마낼 일반이오.

큼 으니 옳으니 할것없오.

넑거널 엇지, 뜻을몰오리오

(풀이)위에적은, (니,으니)매,으나,서 도울지라도,나,으니,거널들은,모
든까닭을말하려하는데,쓰인고로,까닭도음말이라하나니라.

(뜻둘것) (니,으니)는,흔이, (니까,으니까)로도쓰임이있고.(니매)들
은,지남을말하는데,쓰임이있나니,같은결의말이여러갈래로,쓰
임이있는것을알것이니라.

(8)부림으로쓰이는것

(풀이)부림으로,쓰이는,도음말은,높,낮의두갈래가있나니,하나는,손
위사람에게, 바람을보이는것이오. 하나는, 손아래사
람에게,보이는것이라. (보기)를,들면아래와,같으니,

(보기)(1) 손위ㅅ사람에게.

오。 으오。 시오。 으시오。 읍시오。 으읍시오。 시옵시오。

으시옵시오。 소셔。 으소셔。 읍소셔。 옵시다。 으옵시다。

습시다。 습지오。 들。

(보기)(2) 손아래ㅅ사람에게.

아라。 어라。 게。 소。 지。 지고。 고지고。 으렴。 렷다。 렴

으나。 자。 세。 옵세。 들。

(9) 그럼으로, 쓰이는 것.

(풀이)그럼이라함은,남의바람과부림에대하야,좇어가는뜻을,표하

는것이니, (마。 으마。 지。 지오。 읍지오。 으읍지오。 ㄹ이

다。 올이다。 으올이다。 읍니다。 습니다)들도,음말을,쓰나니,

(보기)를들면,

오냐。가마。

네 먹지오.

말슴대로 하오리다.

네 달이 밝습니다.

(뜻 둘것) 마지들은 손아래ㅅ 사람에게 쓰이는 것.

(10) 물음으로 쓰이는 것.

(풀이) 물음으로 쓰이는 도음말은 (냐. 니. 으냐. 으니. 느냐.
느뇨. 랴. 으랴. ㄹ가. 울가. 앗어지. 낫데. 더냐.
더뇨. 오닛가. 으오닛가. 읍닛가. 으읍닛가. 읍나잇가.
으옵나잇가. 습닛가. 습나잇가. 더잇가. 읍더잇가. 으옵
더잇가. 읍지오. 습지오. 들을 쓰나니, 혹은 말세의 높낮이로
써, 그럼을 보임이 있나니라.

(보기)

가느냐. 옳으냐. 엇더니. 먹으니. 먹느냐.

먹느뇨。 먹으랴。 먹을가。 가르가。 뽑아 들。 (아래는제침)

(11) 말음과아님으로쓰이는것。

(풀이)이는、움즉임말이나、끝말아래에。 (말음)이나、(아님)말이올 때

에쓰이는것이니、(지지도)들을쓰나니라。 (보기)를들면、

가지•말어라。 먹지•않는다。

두지•도않는다。 붉지•않소들。

(12) 미룸으로쓰이는것。

(풀이)이는、무엇에대하야하고아니할것을작뎡하지못할제쓰이는

말이니。 (ㄹ가、ㄴ지、지、나、다、고)들의도음말을쓰나니라。 (보기)

를、들면、

갈가말가。 갈는지말는지。

긁을는지。 옳을는지。

오나가나。 온다고。 들이니라。

(13) 헤아름으로 쓰이는 것.

(풀이)이는, 일이나, 물건에 대하야 아 즉 분명치 못한 것을 헤아름으로, 말하는 것이니, (듯 보 텀 리나 리라 르지니 르지라.

뺀. 거던. 량이면)들을 쓰나니라. (보기)를 들면,

그 사람을 본 듯 하오.

누가 오나 보다.

오날은 딱 올 터인데,

될 뻔 하엿다.

그 이가 집에 잇거던

문학가가 되량이면 들.

(아래는 제 칠)

(14) 끝임으로 쓰이는 것.

(풀이)이는, 혼 이말을 끝져 일적에, 늙이는, 뜻을 보이는 것이니(고 나 는

고나. 리로구나. 으리로구나. 도다. 는도다. 나. 아. 어.

서지. 네. 어이. 그려. 는그려. 군. 는군. 들을쓰나니라.

(보기)를들면,

발서꽂이피는고나.

그것이참좋고나.

발서세시가되엇나.

고만다들이엇지.

크도다. 곱도다.

크리로다. 오날은참춥소그려.

매우뚝々하거던

(아래는제침)

(15) 차례로쓰이는것.

(풀이)이는손아래ㅅ또는손위ㅅ끼리들의갈래가있나니위에적은

(부림)또는、 (바람)에 쓰이는、도음말에 대강 말하엿거니와、아래에 다시、그 자서한 것을 적 노라。

(보기)윗사람에게 쓰이는 도음말

시ᅳ시다。 신다。 시고。 시며。 시니、 신데。 시다가、 시더니、 시거던。 시오。 시오며。 시옵고。 시다니、 실지라 도。 실지언정 시량이면들。

오ᅳ오니、 오며。 오이다。 오시니、 오시며。 오시고。 온지 올지。 올는지 올시랴도。 올지언뎡들。

옵ᅳ옵더이다、 옵나다。 옵시고。 옵시며。 옵지。 옵지고。 옵소셔。 옵거던。 옵는지 옵지마 는。 옵더라도。 들。

습ᅳ습더이다。 습니다。 습고。 습지오。 습지。 습시쿄。 습소서。 습거던。 습시다。 들、 이밖에도。 소이다、

사이다. 사오니. 사오며. 사오이다. 나이다. 더이다.

이 쓰이나니라.

(뜻돌것) (습)은, 끝소리, 밑에, 쓰이며.

(오)는, 움즉임말파, 갈늘것.

이제, 다시, 갈래를, 지어, 적으면, 아래와, 같으니라.

움즉임말에 / 끌말에 밀에	밀 · 소래	보기	높이는도움말						
움즉임말에	말밀 · 가온대소래	보 두	아(어)오	옵니다	오고니다	오며니다	옵닛가	옵지오	옴네다
	끌아소래리	먹 집	어요	습니다	사오고니다	사오며니다	습닛가	습지오	습데다
끌말에 밀에	말밀 · 아가온대소래리	짜 희	아(어)요	옵니다	오고니다	오며니다	옵닛가	옵지오	옵데다
	끌아소래리	붉 춤	어요	습니다	사오고니다	사오며니다	습닛가	습지오	습데다

들

끼		옴죽임말밑에	낫 이 는 도 옴 말							옴죽임말밑에	
보나	말밑 가온대소리 에						보	두		말밑 밑가온대소리 에	
		말밑에	개, 메, 랴	렴 으나	자	지	네	아(어) 라	느 냐	ㄴ 다	말밑 가온대소리 에
먹나	말밑 끝밑소리 에리						먹	집		말밑 끝아소리 에리	말밑에
			으랴	으 대	으 개 으럼으나	자	어	지 네 라	느 라 나냐	는 다	
짜ㄴ가	말밑 밑가온대소리 에리	끝말밑에					짜	회		말밑 가온대소리 에리	끝말밑에
					지 네	아(어) 어	ㄴ 가	니	냐	다	
붉은가	밑밑 끝밑소리 에리						붉	춤		말밑 끝아소리 에리	
				데 이	어 가	지 어 니	어 온 냐	으	으 다		

말 음 도 리			
무	지네 아(어)오재데	집	
치네에으소재데 오			
회	지 아(어)오데	춤	지 으어어이소데 오

이밖에 도, 반말이라 합이 있어도, 도음말의 한 가닭이 되니, 곳이리오

아고 민두어. 어서가지. 안될걸. 엇이하엿간듸. 들을 쓰나.

반말은, 쓰지 아니 함이 옳을 가하노라.

(16) 도음말의 때. (움즉임말끝말,들에, 도,발서,보이니라.)

도음말의 때는, 또한, (이제,지남,옴)의 세 갈래로, 볼지니, (보기)를

들면,

(一) 막끝임,움즉임말에는

이제 지남	지남 옴

一二八

ㄴ、는。 앗、엇　　겟

(二) 몸말붙임、움즉임말에는。

이제	ㄴ 남。	옴
는	ㄴ。운。덴。	
앗、엇	던。엇던。	ㄹ。을

(三) 막끝임、끝말에는。

| 이제 | ㄴ | 옴 |
| 앗、엇 | | 겟 |

(四) 몸말붙임끝말에는。

이제	지남	옴
ㄴ。운。	던。	ㄹ。을
	앗던엇던	

들이니라、

셋재 절 이름말에。쓰이는것。

（풀이）이는、이름말아래에、붙어、그、위ㅅ아래ㅅ말을、닛으며、혹、그、뜻을

밝에하기도하고、혹、그、말을、끝이기도하나니、아래에따로말

하노라、그리고、이름말에、쓰이는、도음말은、두갈래로、낡을수있나

니、첫재는、말중간에、쓰이는것이오、둘재는、말끝에、쓰이는것이라、

（一）말중간에、쓰이는갈래。

과 에서 며 면 여 지 만 도 씩 쯤 아 야

가 이 의 고 니 나 야 요 라 로 를 올 와

뿐

에서 이고 이니 라고 이나 던지 이거던 이요

이랴 길래 기에 어늘 ㄴ들 인들 ㄴ줄 인줄 ㄴ지

인지 으로 깨서 이며 라도 이여 어던 이지

너까 기로 ㄴ듯 인듯 ㄴ데 인데 ㄴ즉 인즉 에게

커녕 마다 까지 보다 보담 하고 한데 만에 만치

끼리. 같이. 가지. 엔들. 처럼. 만큼. 대로. 더라. 다려.

붙어. 짤이.

이라고. 이던지. 이거던. 이길내. 이기에. 이어늘.

량이면. 이라도. 에게서. 이어던. 이나까.

어기로. 야말로. 지마는. ㄹ진대. 일진댄. ㄹ망정.

일말정. 에게로. 까닭에. 때문에. 마. 않. 못.

이량이면. ㄹ지라도. 이야말노. 이지마는.

(二) 말끝에쓰이는것

다. 요. 지. 데. 냐. 라. 여.

이다. 이요. 리라. ㄹ세. 일세. 이지. 이데. 더라. 구나.

니가. 인가. 이냐. 이라. 로다. 지요. 러냐. 던가. 이여.

ㄴ걸. 인걸. 엇지. 겟지. 라고. 여요. 여던.

이리라. 더니라. ㄴ너라. 일어라. 리로다. 이더라.

오이다。 옵니다。 올시다。 이구나。 요그려。 아니라。

己지라。 일지라。 이로다。 이지요。 이더냐。 이던가。

더이다。 옵데라。 로구나。 이거던。 이여요。 고말고。

오닛가。 이여던。 이라고。 옵닛가。 이란다。 이엇지。

이겟지。

이더니라。 이리로다。 이오이다。 이옵니다。 이올시다。

이요구려。 己너니라。 일너니라。 이더이다。 이옵데다。

옴나이다。 이로구나。 이고말고。 이오닛가。 엇습니다。

겟습니다。 이옵닛가。 다뿐이오。

이옵니이다。 이다뿐이요。 이엇습니다。 이겟습니다。

들이니라。

넷재결。쓰임보기。

이름말붙임도음말의쓰임은、여러가닭이있나니、아래에、따로따로말하노라.

(一) 임자로쓰임.

이는,이름말이임자됨을,보일제,쓰이는것이니.

사람이·온다.바람이·불다.

새가·날는다.소가·누엇다.들.

(二) 풀이로,쓰임

이는,이름말의,움즉임이나,꼴을,보일제,쓰이것이니.

나는,글씨를,쓰오.

저이는,말을·타오.

나는·가오.

(三) 결음으로쓰임.

물은,맑으오,라고하는것들.

이는,이름말이,다른,일아나,물건과,결런됨을,보임이니(와,과,하고,

(들율씀)

나와얼골이·딱갓소.

형과·아오는·한몸이오.

나하고·같이·갑시다·들이니라.

(四)

웃듬으로쓰임.

이는·엇더한일이나·물건의웃듬됨율·보이는데쓰이는것이니,

(의·라·고·이·라·고)들율·쓰나니라.

사람의·말은·착한것이·첫재이오.

나라의·흥함은·도덕에있읍니다.

사람이·라·고하는것은·만물의웃듬이오.

(五)

같음으로쓰임.

이는·엇더한일이나·물건이·다른·일이나·물건과·같음율·보일·제·쓰

이는것이니.

이것도·그러하오,

긔도잃고구럭도잃엇소,들이니라。

(六) 못됨으로쓰임

이는,엇던것은,될수없는것을,보이는데,쓰나니, (ㄴ들엔들라도、

이면,이라도)들을쓸。 자수ㄴ들,엇지지하오。

아모리아름다운,교훈인들·듯이,않는,데야엇아하오。

이러한,꽃이·어데엔·들,있게소

응변이라도·쓸데없소。 들이니라。

(七) 한결노쓰임。

이는,이것이던지,저것이던지,한결됨을,보일졔,쓰이는것이니,

(던지·이던지마다나이나)들을쓸。

소던지 말이던지 다풀을먹소。

소나。 말이나,다,즘생이요。

밥이나、고기나、아모것이나、주시오。

봄마다꽃이피오。 들이니라。

(八) 갈임으로쓰임。

이는、많은것중에서하나를、갈임을보일제쓰이는것이니(나、이나)

들을씀。

내나 가겟다。

밥이나、좀、주시오。들이니라。

(九) 특별노쓰임。

이는、많은것중에서、그별달음을보일제、쓰이는것이니、

(야말노일진대)이면、은、는)들을씀。

그아희야、참어엾우다。

그사람이야、점잔하다。

그션생이면알겟지。

그녀자는,그러치않겠지。

그사람은,도덕가이오。

그사람일진대。밑임즉하오。　들이니라。

(九)홀노임에쓰임

이는,다른것과,결음이없고,혼자임을보이는,데,쓰임이니(만,뿐)들

을,씀。

나만그러하오。

거울에는,눈만오지오바람뿐불더라。　들이니라

(10)

불음으로쓰임。

이는,져의뜻을,남에게,살으려할제,쓰이는것이니(아, 야, 여, 시

역, 이시여)들음,씀。

하늘님이시여,굽어살피소셔。

어베시여。오래살으소셔。

천구여。볼지어다。

닭아。우지말아。

세월아。가지말아。

끼고리야。울자말아。 들이니라。

(11) **자리로쓰임**

이는、무슨일이나、물건의、자리、또는、방위를、가르침에、쓰이는것이

니、(에서、에、로、까지、쪽、에게、서、더러、께、께서、들

을、씀。

학교에서배오엇다。

학교에。가자。

향긔는、꽃에서난다。

나는、서울노가오。

나는、서울까지가오。

그 사람이 어듸쯤 갓겟소.

우리의 몸이 어베에게서 낫소.

그 사람더러 오라고 하시오.

저 어룬께 엿주어라.

선생님께서 오신다. 들이라.

(12)

끝임으로 쓰임.

이는, 이름말 아래에서, 그 확실함 파, 녁임 파, 물음풀이, 들의 뜻을 보

이는 것이니.

(一)

확실함을 보임에는, (다, 이다, 요, 이요, 라, 이라. 로다.

이로다. 오이다. 이오이다. 옵니다. 이옵니다. 옵나이다.

이옵나이다. 올시다. 이올시다. 여요. 이여요. 엇습니다.

이엇습니다. 겟습니다. 이겟습니다. 로소이다. 이로소이

다. 들을 씀.

(보기) 이것은, 누루다.

이것은 꽃이다.

그게내것이요.

이것이내게요.

저것은, 꽃이올시다. 들이니라.

(二) 녁임을보이는데는, (리라. 아리라. 리로다. 이리로다.

이겟지. 이겟지오. 겟습니다. 이겟습니다. 르터요. 르걸

일걸.) 들을, 쓸.

(보기) 아마, 소리라.

그것이꽃이리라.

그것이풀이겟지.

그것이나무이르터요.

그것이꽃이르걸들이니라.

(三) 물음으로 쓰임。

이는, 일이나 물건의, 분명치 못한 것을 물음에 쓰이는 것이니。(냐。

이냐。 지。 이자。 이야。 지요。 더냐。 이더냐。 던

가。 이던가。 냐가。 인가。 엇지。 이엇지。 겟지。 이겟지。

오닛가。 이오닛가。 옵닛가。 로군。 이옵닛가)들을 씀。

(보기)그게 닭이냐。 꺾이냐。

이게 쇠ㄴ이가 돌인가。

아마 꽃이지。

아마 꽃이겟지。

그것이 물이던가)들이니라。

(四) 풀이르 쓰이는 것。

이는, 일이나 물건의 엇더한 것을 풀거나 또 대답함에 쓰이는 것이

니。(나라。 이니라。 ㄹ세。 일세。 요。 이요。 여요。 이여요。

여. 이여. 올시다. 이올시다. 읍니다. 이읍니다. 더이다.

이더이다. 읍더이다. 이읍더이다. 더라. 이더라. ㄹ러라.

일너라)들을 씀.

(보기)이것은, 꽃이근세.

그것이꽃이더이다.

그것이꽃이여요.

그것이꽃이나라.

그것이새니라.

그것이꽃이더이다.

그것이새올시다)들이니라.

(五)
말음파,않음,못함.으로쓰임.

이는움즉임말아래,붙어,움즉임을,말게하는뜻이니(마)를,쓰며,않

음으로쓰임은,(않)을쓰며.못으로쓰임은,못)을쓰나니라.

(보기) 그러지마시오.

가지말어라.

먹지않소.

먹지못하오. 들이니라,

(뜻 둘것) (마 않 못) 들의 쓰임은, 움죽임말의 쓰임과, 같이 말끝이바꾸임이있나니,

마─만다. 말엇다. 말겟다. 말고. 마는. 말어. 마니. 말면, 말어라. 말지.

않─않는다, 않엇다, 않겟다, 않고, 않는, 않어, 않으니, 않으면, 않지,

못─못한다. 못하엿다 못하겟다, 못하고, 못하는, 못하여, 못하니, 못하면, 못하지, 들이니라.

아홉재쟝 잇음말.

첫재절　잇음말의 뜻

잇음말은,두 가지,쓰임이,있나 니,첫재 는,다만 잇음이 니,이 는,아모,

다를,뜻이,없이,이름 말과,이름 말 을,서 로,잇대여,한마 디,말 노,만드

던지,또 는,이 름 말과,다른,말 을,서 로,잇대 는,데,쓰임이 오,둘재 는,굴

너,잇음이 니,이 는,앏엣 말의 뜻 이,뒤에 ㅅ 말의 뜻 을,받아,새 로,이별

다른,뜻 을,나 게 함이 니,아래 에 따 로,따 로,말 하노라.

둘재절　다만 잇음

소와,말. 산과,물. 꽃과,나뷔.

라하면,이(와. 과.)들 은,각 ㅅ,두 말 을,잇 으되,그,말 들 은,각 ㅅ,따로,의

뜻 을,그 대 로,가 저 서,별 노,이 바 꾸임이 없 는 고 로,이 를,다 만 잇음이

라함이라.

셋재절　굴너 잇음.

이것은소 이오,저것은,말 이 라.

달은밝고 서리는차다.

새는울면서가지에앉엇다.

글시를쓰다가글을읽는다.

라하면이(이오. 고. 면서. 다가)들은두개의일음말이나,두개
의꼴말을잇을새혹견주는뜻을보이기도하고,두개의움죽임말
을잇을새혹한가지뜻에서또한가지뜻을더하야,말함으로,이를
굴너잇음이라함으로다만잇음말은,말과말을,잇을
제혼이쓰이고,굴너잇음말은,글과글을잇을제혼이쓰이나니라.

(一)굴너잇음말중에는,혹윗말을뒤집어새말노잇음이있나니,(보
기)를들면,

저아희는,산술은,잘못하나,그러나글시는,잘쓴다.

봄날은칩우나,그러나어름은녹는다.

라하는따위이며.

(二) 굴너 잇음 말에 는, 혹 윗 말 울, 까닭 으로 하야, 아래ㅅ 말 을, 잇음 이 잇
나니, (보기)를 들면,

날 이, 칩우 면, 물 이, 얼 니라.

공부를 잘 하 면, 큰 인 물 이 되리라 하 는 따 위 며.

(三) 굴너 잇음 말에 는, 혹 윗 말 에서 한 거름 더 나아 가 서 아랫 말 을, 잇음
이 잇 나니, (보기)를 들 면,

사람 도 속 이 지 못 하 거든, 하 믈 며, 하 늘 이 겠 나 뇨.

한 사람 도, 가 븨 여 이 불 수 없 거든, 하 믈 며, 나 라 이 겠 나 뇨.

그 사람 은, 덕 행 도 있 고, 또, 한 재조 도 있 다 라 하 는 따 위 니라.

(四) 잇음 말 은, 혹 말 머 리 에 쓰 기 도 하 나 니, 「및. 또. 혹. 혹시. 그 리
하 고. 그 랴 고. 엇 더 하 던 지. 엇 더 던 지. 엇 지 하 엿 던 지. 엇
재 스 던 지.」 를 쓰 며. 혹 윗 말 에서 생 긴 까 닭 을, 보 이 려 하 거 나, 혹,
그 끝 됨 을, 풀 녀 하 야 잇 음 이 잇 나 니, 「그 러 니. 그 런 죽. 그 까 닭

에。그러커니와。그러하여서。엇지하엿던지、게다가、그런데。그런데다가。그런고로。그러면。왜그런고하니。그러니깐。그래도。그런데。그러할망정。할지언정。그러치만。그러치만서도。그뿐아니라」들을씀이라。

그런데다섯재브터아래로져은、잇음말들은、다굴너잇음말이라고도할수잇나니라。

열재쟝　늚임말。

첫재절　늚임말의뜻

늚임말은、(깃붐)이나、(노염)이나、또는(슯움)들에늚이어쟈연이내는、소리와또는、말이니、(보기)를들면、(참)그럿소。(아)시원하오라하면、아。참들은、늚임의소리이오。(아이고)왠일인가。(좋다)그러치。라하면、(아이고)와(좋다)들은、늚임말이니라。

둘재절　늚임말의쓰임。

(풀이)늚임말의쓰임은,두가지자리가있나니,첫재는·말머리에쓰이는것이오,둘재는·말끝에쓰이는것이라.(도음말에·빗우어보라)

(一)·말머리에쓰이는늚임소리와·말.

아래에따로따·로말하노라.

(보기)(1)보통쓰이는것.

이는·자。·그。·져。 앗다)들을씀。

·자』드러오시오。

°져』박에오앗던이가,누구요。

앗다』가만이잇거라。

·그,엊인일이요。 들이니라。

(보기)(2)시원함을,보이는것。

이는·아。·어。·참 아이고。이것 그, 져, 보아라. 거보

아。·하。·후。후유。좋다)들을씀。

·악·참·시원하오.

아이고·이게참말인가·

거바라·그짓말이냐·

·좋다·그러면그러치· 들이니라·

(보기)(3)놀남을·보이는것·

무엇이어· 이(그· 저)것보아· 이런·제)들을씀

이는(아·아·어·하·허·후· 참·아이고· 얼내· 하뿔사·

·어· 큰일나앗군·

·하· 할일없다·

·후· 엇지하나·

이런· 야단이잇나· 들이니라·

(보기)(4)실심함과· 비우슴과· 원통합들을· 보이는것·

이는· (아· 하· 하뿔사· ·제· ·제기· 이런·제· 에기· 흥·

앗차。 웅。 에라。 아이고。 그것참。 (젠장)들을씀。

하。 랑패로군。

흥。 그러치。

한。 뉘게다가。

에라。 고만두자。

웅。 분하다。 들이니라。

(뜻둘것)늣김말은,근본,늣김말노된것도있고,혹은,꿈임말이나,끌
말들이바꾸여된것도있나니,이는,쓰임을,따르어이름을달으
게하엿실뿐이며,혹은,다같은,늣김말이라도,그,말세의높낮파,
길,잘,들에따르어,그,뜻이판연하게달너지나니이는,자서이살
피어야할것이라하노라。

열한재장　글　(김두봉짓음조선말본에서뽑음)

여러가지,날말을,모아,한생각을,낳아내는것을,글이라하나니이를터

무궁화가곱도다.

버들입이푸르고나.

새는노래하고나비는춤추더라.

하면이와같이한생각을다날아내는말을글이라하나니라.

첫재절 글의감

글을이루는조각을글의감이라하나니, 이를터면,

붉은꽃이곱게피오.

라하면이말에(붉은)과(꽃이)와(곱게)와(피오)가다글의감이니라.

둘재절 감의갈래

감의갈래는(임자감)(풀이감)(딸님감)(매임감)네가지에낳오아말하
노라.

(一)임자감.

임자감은,글을,이룸에,임자되는,조각을,이름이니,(보기)를,들면,

(꽃이)핀다。

·(벌과,나비가)날아온다。

(그사람이힘이)세다,

(뜻이굳기가)쇠보다,단々하다。

(맘이붉은)(사람이),(뼈가)닳도록,일하오。

여름에는,(낮이)길고(밤이짧)으오。

라하면,이말에,(꽃이)별과나비가,그사람이,힘이,뜻이,굳기가,맘이,사
람이,뼈가,낮이,밤이,들이,임자말이니,곳,피,날아오,힘이세,굳,쇠보다
단々하,붉,일하,닳,길,짧,르,들의,임자가,이니라。그런데,꽃이,와,
같이,홋된,임자를,(홋임자)별과나비가,와같이,여럿으로,된,임자를,(뭇
임자)그사람이,와같이,마디를,풀이로삼은,임자를,(큰임자)힘이,뜻이,
와같이,조각마디의,임자를,(작은임자)뜻이,굳기가,와같이,마디로,이

루인임자를,(마디임자)맘이와같이,딸임마디의임자를,(움임자)뼈가

와같이,매임마디의임자를,(가지임자)움임자와가지임자를,(붙음임

자)사람이와같이,으뜸마디의임자를,(으뜸임자)낯이,밤이와같이,홀

노마이의임자를,같은임자라하나니라.

(二) 풀이감.

풀이감은,임자말을,풀이하는조각이니,(보기)를들면,

꽃이,(핀다).

벌이,(노래하며날으오)

그사람이,(군기)가(쇠보다단々하오)

맘이(붉은)사람이뼈가(닭도록)일하오)

여름에는,낯이(길고)밤이짜르오)

이말에,(핀다,노래하며날으오,힘이세다,세다,군가쇠보다단々하다,

붉은,닭도록,일하오'길고,짜르오,이풀이감이니,곳(△이벌이그사

람이,힘이,뜻이,뜻이,굳기가,맘이,뼈가,사람인,낯이,밤이,들의,임자감

을,풀이하는,조각이니라,그런데,핀다와,같이,홋된풀이를(홋풀이)노

래하며,날으오와,같이,여럿으로,된풀이를,(뭇풀이)힘이세다와,같이

마디로,이루인풀이를,(마디풀이)세다,굳기와같이,조각마디의풀이

를,(작은풀이)쇠보다,단ㅅ하오와같이,마디임자의풀이를,(큰풀이)

붉은과같이,딸임마디의풀이를,(움풀이)닭도록과같이,매임마디의

풀이를,(가지풀이)움풀이와,가지풀이를,붙음풀이)길고,짜르오와같

인,홀노마디의풀이를,(같은폴이라하나니라,그리고,임자와,풀이는,

글을,이룸에,으뜸되는,조각임으로,으뜸감이라하나니라。

(三)딸임감。

딸임감은,몸말위에,있어이에,딸이어,쓰이는,조각을,이름이니,(보

기)를,들면,

(나의)범

(날낸)범(뛰는)범

(나와너의)범

(날며뛰는)범

(날내고사납은)범

(나무의가지의)끌

(나무의가지)끌

(나무가지의)끌

(걸음이빠른)사람

이말에(나의、날낸、뛰는、나와너의、날내고사납은、말며뛰는、나무의가지의、나무의나무가지의、거름이빠른)들이딸임감이니、나의와같이、몸말위에엊이어쓰이는것을、(엊음딸임)이라하고、날낸뛰는들과같이몸말위에있어、이를、그리는것들을、(그림딸임)이라하고、이세가지

를,따로불를때에는(홋딸임)이라하며,나와너의,날내고,사납은,날며,

뛰는과같이,여럿으로된딸임을,(뭇딸임)이라하고,나무의가지의와

같이,덧하여,딸이는,딸임을,(덧딸임)이라하고,나무의와같이,통으로,

딸이는,딸임을,(롱딸임)이라하고,나무가지의와같이,엮어딸임을,(엮

딸임)이라하고,거름이빠른과같이,마디로이루인,딸임을,(마디딸임)

이라하나니라.

(四)매임감.

매임감은,씀말위에,있어,이에,매이어,쓰이는,조각을,이름이니,(보

기)를들면,

맘이(달과)같다.

아기가,(젓을)먹소.

구름이,(비가)된다.

나는,(서울에)간다

말이(뛰어)간다.

소가(더디게)온다.

배곱이(배보다)크오.

(배와감을)먹소.

(크고,좋게)만들고나.

(돌아보아)살핀다.

(돌아보아)살핀다.

(돌보아)살핀다.

(돌보아)살핀다.

저사람이(힘차게)공부하오.

이말에,(달파젓을,비가,서울에,배보다,뛰어더디게)배와감을크고,좋게돌아보아,돌보아,돌보아,힘차게)들이매임감이니,달파젓을,비가,들과같이,씀말과서로떠날수없는것들을,(덩이매임)이라하고,서울에,배보다와같이,씀말의,뜻모자람을깁는것을,(깁음매임)이라하고,뛰

어·더·디·게·와 같·이 쓸 말·의 꼴·을 꾸·미·는 것·을 (꿈·임·매·임)·이·라 하·고 이·일
곱 가·지·를 따·로·부·를 때·에·는 (홋·매·임)·이·라 하·며 (배·와 감·을) (크·고 좋·게)
와 같·이 여·럿·으·로 된 매·임·을 (뭇·매·임)·이·라 하·고 돌·아·와 같·이 통·으·로 매
이·는 매·임·을 (동·매·임)·이·라 하·고 돌·보·아·와 같·이 엮·어 매·이·는 매·임·을 (엮
매·임)·이·라 하·고 힘·차·게·와 같·이 마·디·로 이·루·은 매·임·을 마·디 매·임·이·라
하·나·니·라。

그·리·고 딸·임·과 매·임·은 글·을 이·룸·에 붙·음 되·는 조·각·임·으·로 붙·음 감
이·라 하·나·니·라。

붙·음 감·의 짜·이·는 여·러 가·지 (보·기)·를 아·래·에 벌·임。

나·무 가·지·의 움。

좋·은 가·지·의 움。

돋·는 가·지·의 움。

나·무·의 좋·은 움。

좋은굵은움.

돋는,벋는움.

학교에,낮에간다.

빠르게,학교에간다.

뛰여,학교에간다.

학교에,빠르게간다.

빠르게,재게간다.

뛰여,빠르게간다.

학교에,뛰여간다.

뛰어,들어간다.

밥을,집에서먹다.

말아,밥을먹다.

밥을,빠르게먹다.

빠르게재게먹다。

말아풀어먹다。

돈보다배나좋다。

크게돈보다좋다。

쓰기에돈보다좋다。

돈보다크게좋다。

크게멀리좋다。

쓰기에크게좋다。

돈보다쓰기에좋다。

크게쓰기에좋다。

쓰기에붙어좋다。

글의감의으뜸말은감의몸이라하고、토말은감의빛이라하나니、

이를터면(꽃이핀다)는말에、(꽃은)암자몸(이)는、암자빛(피)는、풀이

몸(ㄴ다)는,풀이빛이라하나니라.

셋재절 감의벌임.

글을쩜에는,그감을벌이는,자리의,몬저와나종이있나니,이를아래에,보이노라.

(一) 임자감은,푼이감보다,몬저,쓰이나니,이를터면,(비가온다)라하면,
이말에,임자(비가)는,풀이(온다)보다,몬저,쓰이는따위니라.

(二) 딸임감은,임말보다,몬저,쓰이나니,이를터면,나의,사랑하는,훌융한동모라하면
이말에,딸임(나의)와(사랑하는)파(훌융한)들은,임말,동모보다,몬저,쓰이는따위니라.

(三) 매임감은,씀말보다,몬저쓰이나니,이를터면,밥을마르게,먹어라,하면.
이말에,매임(밥을)파(마르게)들은,씀말,먹,보다,몬저,쓰이는따위니

라.

글의감을위에말함과같이벌이지아니하는것도있나니이를터면(온다)(비가)와(먹어라)(밥을빠르게)들과같은,따위니라.

그러나이는,바로,쓰임이,아임으로,거꿀벌임이라하고,위에,말함과같이벌임을,바로벌임이라하나니라.

감의벌임	
먼저벌이는감	뒤에벌이는감
임자감	풀이감
딸임감	임말
매임감	꼴말,움말

(임)은,임자,또는,아름말의줄인것

(움)은움즉임말의줄인것

셋재결 감의줄임.

글을쌈에는,그앞뒤의,만남과,쓰어오던버릇으로,말미암아,감을,줄이고,쓰는일도,있나니,(보기)를,들면,

(너는) 무엇을 보느냐.

저이는 어대로 (가느냐).

바람 앞에 (있는) 초불 같다.

그 사람은 (옷을) 잘 입엇다.

이 말에 (너는, 가느냐, 입는, 옷을) 들과 같이, 그 감을 줄이어도, 그 뜻을 아

라 볼수 있을 때에는, 흥이줄이고, 쓰나니라.

감의 줄임
{ 임자감의 줄임
  풀이감의 줄임
  딸임감의 줄임
  매임감의 줄임 }

(익힘) 아래에 벌이어적은 말 가온대에 감의 갈래와 벌임과 줄임을,

찾아 밖에 말하라.

배호는 사람이 첫재다.

무엇을 배호면 좋게느냐.

그것은 맘대로고를것이니라.

암그것이냐.

옹이에마디라.

어짜하엿던지잘배호라.

　　빗재절　글의마디.

글의으뜸감곳임자갑과폴이감을갖오고도,오히려글의한조각

되는것을,글의마디라하나니,아를터면,

(꽃은붉고, (잎은푸르다)

(그말은)(거름이바르다).

(날세가따뜻한, (봄이오앗다).

이말들에꺽천것들이다,한마디식이니라.

마디의갈래를,(홀노마디조각마디붙음마디으뜸마디네가치에

낭오아말하노라.

(一) 홀노마디,

홀노마디는, 모든 마디가서로 같은 값으로, 값서는 것을 다, 다로, 다

로, 이름이니, (보 기)를, 들 면 (저 것은붓이 오) (이것은먹이다)。

(쇠는, 무겁고) (깃은, 가볍다)

(나비는, 춤추고) (새는 노래하오)

이말에꺽친 도막들이다, 홀노마디이니, 이는 그, 마디가서로, 같은,

값을, 가진 까닭이니라。

(二) 조각마디,

조각마디는, 글의 한임자나, 풀이 노릇하는, 마디들을, 이름이니, (보

기)를, 들면,

(맘이밝기가) 어름파어떠하뇨。

저 달을, (빛이밝다)

이 사람은, (뜻이 서엇다)

이 말에, 꺽친 것들이, 조각 마디이니, 맘이 밝기가는, 임자마디요, 빛이

밝다와, 뜻이 서엇다는, 풀이마디니라.

(三) 풀음마디.

붙음마디는, 몸말에, 딸이어 쓰이거나, 씀말에 매이어, 쓰이는, 마디

들을, 이름이니, (보기)를 들면,

(소리가, 좋은) 새가, 울고나.

(봄이오니) 꽃이 피오.

이 말에, 꺽친 것들이, 붙음마디이니, 소리가, 좋은은, 딸임마디요, 봄

이오니는, 매임마디니라.

(四)

으뜸마디.

으뜸마디는, 붙음마디를, 둣으뜸 되는, 마디를, 이름이니, (보기)를 들

면,

빛이 밝은, (해가 도드오).

숨이깊어야(범이있오)

이말에,껀친것들을이,으뜸마디이니,해가도드오는,딸임마디빛이밝

은,을,둔,으뜸마디니,이따위를,둘걸마디라하고,범이있오는,숨이깊

어야를,둔,으뜸마디이니,이따위를,줄기마디라하나니라。

홀노마디가거듭하여,끝못난말을,줄마디라하고,조각마디가거

하여,끝못난말을,겹마디라하고,붙음,으뜸마디가거듭하여,끝못난

말을,덧마디라하나니,위의네가지를,홋마디라하고,아세가지를,거

듭마디라하나니라。

마디의 갈래

```
마디의 갈래 ┬ 홋마디 ──┬ 홀노마디 ─ 입자마디
            │          ├ 조각마디 ─ 딸임마디
            │          ├ 붙음마디 ─ 매임마디
            │          └ 으뜸마디 ─ 동걸마디
            └ 거듭마디 ─┬ 줄마디 ── 줄기마디
                        └ 겹마디 ── 풀이마디
```

뎟마디

(익힘)아래벌이어져은말가온대에마디의갈래를찾아밖에말하
라。

거을은가고봄이오는구나。

저애는맘이착하더라。

맘이착하면몸이높이되리라。

다섯재졀　글의갈래

글의임자와풀이들만갖오와한생각을날아내는것이던지여러마
디를갖오와한생각을날아내는것이던지어떠한것이던지한생각
을다날아내는것은다글이니라,그러나그짜이는바를딸아다섯가
지갈래가있나니곳아래와같으니라。

글의갈래 ┬ 홋글 글
　　　　├ 줄글 글
　　　　└ 겹글 글

┌─┐
│모│ 딥 글
└─┘

여섯재졀　홋글

홋글은 다만 글의 감만 갖오고 글의 마디는, 갖오지아니한 글을, 이름이니, 아래에, 보기를, 들고, 그 뜻을 그림으로, 풀어 말하노라.

(보기)(一) 봄이 한 창이로다.

　봄·이 ｜ 한 창·이 로 다

아(보기)의(봄)은, 임자 몸이 오, (이)는, 임자 감이니라.

(한 창)은, 풀이 몸이 오, (이로다)는, 풀이 빛이 오, (한 창이로다)는, 풀이 감이니라.

(봄 한 창)은, 으 뜸 감 몸이 오, (이이로다)는, 으 뜸 감 빛이 오, (봄이 한 창이로다)는, 으 뜸 감이니라.

내리그 은 옳은 편은, 으뜸 감의 자리요, 세로, 그, 은 줄 위쪽 은, 임자 감

의 자리인데 거기에, 또, 찔 은 점 위쪽 은, 임자 몸의 자리요, 그, 아래 쪽

은, 임자 빛의 자리 며, 세로, 그, 은 줄 아래쪽 은, 폴이 감의 자리인데 거

디에 또, 찔 은 점 위쪽 은, 폴이 몸의 자리요, 아래 쪽 은, 폴이 빛의 자리

니라.

(보기)(二) 좋 은, 꽃 나 무 도, 많 더 이 다

좋·은

꽃 ― 나 무·도 ┃ 많·더 이 다

이(보 기)의, (좋)은, 딸 임 몸 이 요, (은)은, 딸 림 빛 이 오, (좋 은)은, 딸 림 감 이

며, (꽃)은, 딸 림 몸 인 데, 빛 은, 줄 인 것 이 니라.

(나 무)는, 임 자 몸 이 오, (도)는, 둡 음 말 노, 임 자 빛 노 릇 하 는 것 이 오, (나 무

도)는, 임 자 감 이 니라.

(많)은, 풀 아 몸 아 오, (더 아 다)는, 풀 아 빛 아 오, (많 더 이 다)는, 폴 이 감 이

니라.

내리그은굵은줄위옆으로가로꺾어그은세줄옆은딸림감의자

리인데거긔에짝은점위쪽은딸림감몸이오아래쪽은딸림감빛

이니라,

(보기)(三)나비가꽃속에서질겁게날아다니더냐,

```
나 비·가 ──────── 다 니·더 냐
        │
 나비·가 │
        │
 꽃 속 에 세
        │
 질 겁·게
        │
 날·아
```

(나비가다니더냐)는, 으뜸감이니라.

(꽃속에서질겁게날아)들은매임감이니라.

내리그은굵은줄옆으로또내리그은ㅛ불ㅛ불한줄들옆은매임

감들의자리를보인것이니라.

(보기)(四) 한창젊은이들아이좋은때를거저보내지말아.

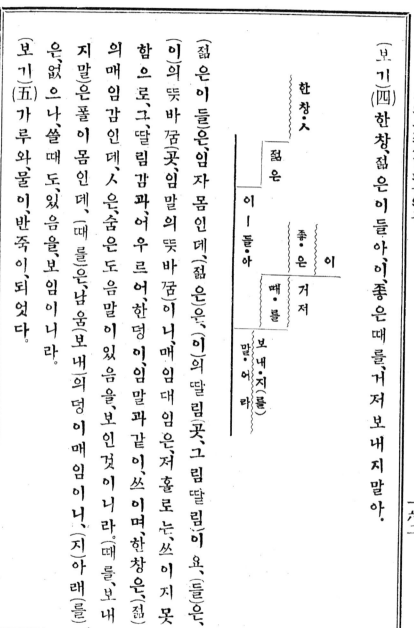

한창ㅅ　젊은　이 -들·아

좋·은 이　거저　때·를　보내지(를)　말·어라

(젊은이들)은임자몸인데,(젊은)은,(이)의딸림(곳,그림딸림)이요,(들)은,
(이)의뜻바꿈(곳,임말의뜻바꿈)이니,매임대임은저홀로는쓰이지못
함으로,그딸림감과어우르어한덩이임말과같이쓰이며,(한창은(젊)
의매임감인데,ㅅ은숨은도음말이있음을보인것이니라.(때를,보내
지말)은풀이몸인데,(때)를은,남움(보내)의덩이매임이니,(지)아래(를)
은없으나,쓸때도있음을보임이니라.
(보기)(五.)가루와물이반죽이되엇다.

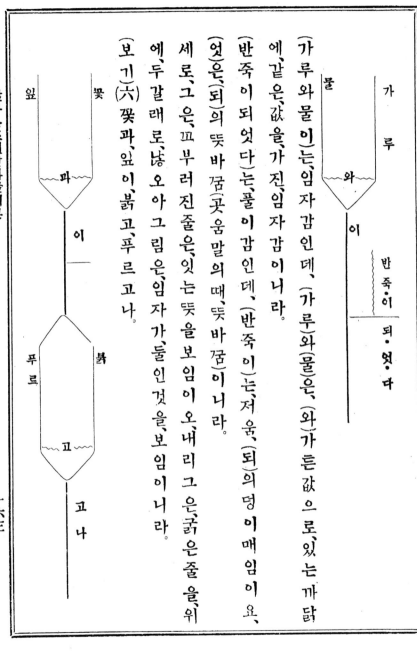

(가루와물이)는,임자감인데, (가루와(물)은, (와)가튼값으로,있는까닭

에,같은값을,가진,임자감이니라.

(반죽이되엇다)는,풀이감인데, (반죽이)는,저웁, (되)의덩이매임이요,

(엇)은,(되)의뜻바꿈(곳움말의때뜻바꿈)이니라.

세로,그은,ㅍ부러진줄은,잇는뜻을보임이오내리그은굽은줄을위

에,두갈래로,냉오아그림은,임자가둘인것을,보임이니라.

(보기)(六) 꽃과,잎이붉고,푸르고나.

(꽃파잎이)는,임자감이니라.

(붉고,푸르고나)는,풀이감이니라.

내리그은굵은줄을,낳오왓다가,다시어우름은,한덩이되는,뜻을,보임이니,이를터면,임자빗(이)는,꽃에,붙어,(꽃이)도되고,(잎)에,붙어,(잎이)도되며,풀이빗(고나)는,(붉)에,붙어,(붉고나)도되고,(푸르)에,붙어,(푸르고나)도되나니라.

(보기)(七)사랑이어떻더냐,둥글더냐,모지더냐.

사랑이 —— 어떻더냐
　　　　둥글더냐
　　　　모지더냐

(어떻더냐,둥글더냐,모지더냐)가,풀이감이니이를,다시아래와,같이,그리는것도,좋으니라.

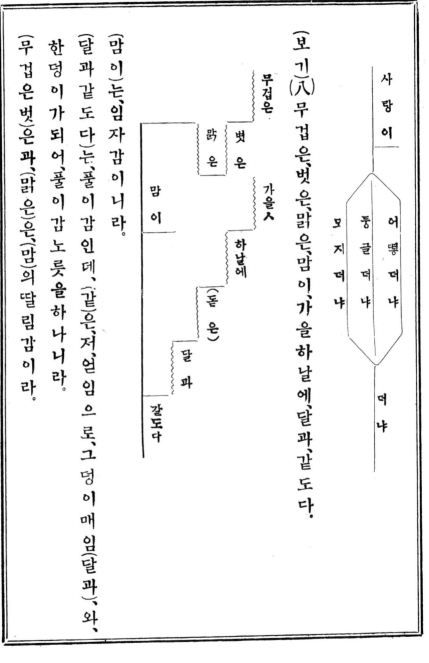

사탕이 ── 어떻더냐
    ── 둥글더냐
    ── 모지더냐
      ── 더냐

(보기)(八) 무겁은,벗은,맑은,맘이 가을 하날에,달과,같도다.

무겁은
    벗 은   가을ㅅ
    맑 은   하날에
         맘 이   (돍 은)
                 달 파
                   갈도다

(맘이)는,임자감이니라.

(달과같도다)는,풀이감인데,(같)은,저,얼임으로,그덩이매임(달과)와,
한덩이가되어,풀이감노릇을하나니라.

(무겁은벗)은,파,(맑은)은,(맘)의달림감이라.

‧돌‧은〕은‧이‧말에‧없‧으‧나‧숨‧어‧있‧어‧몸‧말‧(달)의‧그‧림‧달‧림‧노‧릇‧하‧는‧것을

보‧임‧이‧니라。

가‧을‧다‧음‧에〔ㅅ〕은‧숨‧은‧도‧음‧말‧을‧보‧임‧이‧니라。

〔홋‧글‧의‧힘〕아‧래에‧벌‧이‧어‧적‧은‧여‧러‧말‧을‧그‧림‧으‧로‧풀‧어‧밝‧게‧말‧하라。

一、석‧새‧베‧것에‧열‧새‧바‧느‧질이‧라。

二、강‧철‧이‧간‧데‧는‧가‧을‧도‧봄‧이라、

三、떡‧방‧아‧소‧리‧듯‧고‧김‧치‧국‧찾‧는다。

四、한‧어‧머‧니‧색‧기‧도、오‧롱‧이‧조‧롱‧이다。

五、새‧벽‧달‧보‧자‧고、초‧저‧녁‧붙‧어‧나‧앉‧는다。

일‧곱‧재‧절 줄‧글。

줄‧글‧은、둘‧노‧붙‧어‧둘‧더‧되‧는、홀‧노‧마‧디‧들‧이、서‧로、줄‧달‧아‧이‧루‧인‧글‧을‧이‧룸‧이‧니、아‧래에〔보‧기〕를‧들‧고、그‧림‧으‧로‧풀‧어‧말‧하‧노라。

〔보‧기〕⑴ 거‧룩‧한‧사‧람‧은‧누‧구‧며‧나‧는‧누‧구‧냐。

거룩한

사람은 ┃ 누구며 ┃ 나·는 ┃ 누구냐
○

（거룩한사람은）과（나·는）은，임자감이요，（누구냐）는，풀이감인데，（며）는、

마디를，잇으며，또임말，누구냐도，잇나니라。

이러한글에，그홀노마디는，바꾸어도，뜻이한가지니，이를터면，（나는

누구며，거룩한사람은누구냐）라하여도，그，뜻은，한가지니라。

이글에，풀이몸되는，（누구）는，두，홀노마디가서로한가지임으로，이를，

홋글과같이，그릴수도있나니라。

거룩한ㄴ

나

사람 ┄┄ 은（는） ┃ 누구냐

（보기）(2) 달은，밝고，별은，드물고나。

달·은 ┃ 밝·고 ┃ 별·은 ┃ 드물·고나

(달 은)(파 별 은)(은)은,임 자 감 이 요,(밝 고)와(드 물 고 나)는,풀 이 감 인 데,(고)는,마 디 를,잇 으 며,또,쯸 말,(밝)파,(드 물)을,잇 나 니 라.

이 글 도,그 마 디 를,바 꾸 어 서,별 은,드 물 고 달 은 밝 다 라 고 하 여 도,그 뜻 은,한 가 지 니 라.

(보 기)(3) 미 천 바 람 이,한 참 불 더 니,쯪 은 비 가,또 오 노 나.

미치ㄴ	한 참	쯪 은	쏘
바람이	불,더 니	비 가	오 노 나

(바 람 이)와(비 가)는 임 자 감 이 오,(불 더 니)와(오 노 나)는,풀 이 감 인 데,(더 니)는,마 디 를,잇 으 며,또,움 말,(불)파,(오)를,잇 나 니 라.

이 글 은,그 마 디 를,바 꾸 이 나 니 이 는,그,뜻 이 바 꾸 이 나 니 이 는,그,잇 말(더 니)(가 바 람 불 기 는,몬 저 하 고,비 오 기 는,나 종 함 을,뜻 한 까 닭 이 니 라.

(보 기)(4) 바 람 은,잠 잠 하 고,달 은,소 사 오 르 노 나.

(바람은)과(달은)은,임자감이오, (잠자하고)와(오)르노나는,풀이감인데, (고)는,마디를,잇는,것이오,끝말(잠자하)와,움말(오르)를,잇는,것은 아니니라.

이글도,그,마디를,바꾸어도,뜻은,바꾸이지않나니라.

줄글은,그,홀노마디들을,한,홋글과같이보고,이를,미루어풀면,쉽으니라.

(줄글익힘)아래에,벌니어적은,여러말을,그림으로,풀어밝게말하라.

(一)쇠가,쇠을먹고,살이,살을,먹는다.

(二)콩심은데,콩나고,팟심은데,팟난다.

(三)낮말은,새가듯고,밤말은,쥐가듯는다.

(四)열길물속은,알어도,한길사람속은,모른다.

(五) 친사람은, 다리를, 옥으리고, 맞은사람은다리를, 뻣고, 잔다.

(六) 부즈런한사람에게는, 때가밀리고, 게른사람에게는, 일이밀리나니라.

(七) 하날에는, 별이있고, 나무에는, 꽃이있고, 사람에게는, 웃음이있는도다.

여덟재 겹글.

겹글은, 조각마디를, 갖은, 글들을, 이름이니, 아래에, (보기)를, 들고, 그뜻을, 그림으로, 풀어말하노라.

(보기)(1) 매암이는, 소리가, 맑다.

| 매 암 이 는 | 소 리 가 | 맑 다 |

(소리가)는, 임자감이오, (맑)은풀이몸이니라.

(소리가맑)은, 풀이몸이요, (소리가맑다)는, 풀이감인데, (매암이

는)은, 또 그 것의 임자 감이니라.

(보기)(2) 글배기가, 그러케, 어려우냐.

(녀 는) 글(을) 배기가 그렇게 어려우냐

(너 는)은, 이 말에, 없으나, 숨어 있어, 임자 감이 되고 (글) (을 배)는, 풀이 몸인데, (기)는 움말, (배)를, 임말 노바꾸이게 하며, 또, (너 는)글(을)배의 마디를, 한 임말과, 같이만 들고, 이에 임자 빛(가)를 더하여, 엄자 감이 되게 하니라.

(어렵우냐)는, 이 마디 임자의 풀이니라.

겹글 도, 그, 조각 마디를, 한 홋글과, 같이 보고, 이를, 밀우어, 풀면, 좋으니라.

(겹글익힘)아래에, 벌이어, 적은, 여러 말들을, 그림으로, 풀어, 밝게 말하

라.

(1) 뜻이굿기가쇠보더단々하다.

(2) 벗어가는칙도,끝이있지.

(3) 사랑이따뜻하기가,봄날보더,더하다.

(4) 꽃이떠러짐은,바람의탓이아니로다.

(5) 걸움이많음은,심기를잘한까닭이니라.

(6) 우리글은,쉽게배호와가지고,크게쓸수가있나니라.

아홉재졀덧글.

덧글은,붙음마디와,으뜸마디를,갖은글들을,이름이니,아래에,(보

기)를,들고,그림으로,풀어말하노라.

(보기)(一) 뜻이,꽃은,저사람이,어렴음을,녁々이,견대는도다

쏫·이	굴·은	저사람·이	어렵음·을	견대·는·도다
뜻·이	넉넉·이			

(뜻 이)는、임자 감이요、(굳)은、풀이 몸인데、(은)이、들어서、(뜻이 굳)

올、딸람마디로、되게하나니라。

(저사람)은、이글의 임자 감이오、(어렵음을、견대 는、도다)는、풀이 감

인데、(넉넉이)는、움 말(견대)의 꿈 임말이니라。

(보기)(二) 범이 있는、수풀이 갚으니라。

범•이 있•는

수 풀•이 갚•으 니 라

(범이)는、임자 감이오、(있)은、풀이 몸인데、(는)이、들어서、(범이 있)

올、딸람마디되게하나니라。

(수풀이)는、이글의 임자 감이요、(갚으니라)는、풀이 감이니라。

(보기)(三) 발빠르게、걸어라。

○ ○

발(이) 빠르•재

걸•어 라

발(이)은,임자감이오, (빠르)는,풀이몸인데, (게)가들어서매임마
디가,되게하니라

(걸어라)는,이글의풀이감이요,그임자는,숨어있나니라.

(보기)(四) 갈이,잘들도록,갈아라.

(이사람아)

칼·이 ┐ 들·도·록
　　 잘

(이것을) 갈·아라

(칼이)는,임자감이요, (들)은,풀이몸인데, (도록)이들어서매임마
디가되게한것이오, (잘)은,움말(들)의,꿈임말이니라

(이사람아)는,이말에,없으나,숨어있어,이글의임자감이되는것이
요,갈아라는,이말의풀이감이니라.

(덜글익힘)아래에,벌리어져은,여러말을,그림으로,풀어말하라.

(一)나롯이석자라도,먹어야영감이다.

(二) 손톱발톱이 제쳐어지도록 버려먹인다.

(三) 콩을 팥이라 하여 도곧이 듣는다.

(四) 구슬이 서말이라도 꿰어야 보배지.

열재젏 모임글

모임글은 줄마디를 다시 홀로 마디나, 조각 마디나, 붙음마디나, 으뜸

마디로 삼던지 겹마디를 다시 홀로 마디나, 조각 마디나,

으뜸 마디로 삼던지 덧마디를 다시 홀로 마디나, 조각 마디나, 붙음 마

디나, 으뜸 마디로 삼은 여러 가지 글들을 다, 이름이니 아래에, (보기)

를 들고, 그 뜻을 그림으로 풀어 말하노라.

(보기) (一) (거듭 마디가 홋 마디 노릇함)

봄에는 날이 따뜻하고 바람이 포근하며 가을에는 하날이 맑고 달

이 밝으니라.

날·이· 따뜻하 　봄·에·는

바람·이 포근하고

하날·이 맑 　가을·에·는 며

달·이 밝고

으니라

(날아따뜻)하(와바람이포근하)는 홀노마디인데, (고)로잇어한줄마

디로삼으니라.

(하날이맑)과(달이밝)은 홀노마디인데, (고)로잇어한줄마디로삼으

니라.

이두줄마디를며로잇어다시홀로마디로삼으니라.

(모딤글익힘)(1) 아래에적은말을그림으로풀어밝게말하라.

물고기는,헴치고,새는,날며,짐승은,긔고,사람은,것는도다.

(보기)(2) 힘도세고,슬기도,많기는,어렵으니라.

〔힘 도 세〕와〔슬 기 도 많〕두, 홀 로 마 디 를,〔고〕로, 잇 어, 한, 줄 마 디 를, 만 든 뒤

에, 다 시,〔기〕를, 더 하 여, 이 줄 마 디 를, 한 임 말 과, 같 이, 만 들 고,〔는〕을, 더

하 여 임 자 감, 곳 조 각 마 디 가, 되 게 한 것 이 니 라.

〔어 렵 으 니 라〕는 이 마 디 임 자 의, 큰, 풀 이 이 니, 이 를 아 래 와, 같 이, 그 리 는

것 도, 좋 으 니 라.

힘· 도 세
슬 기·도 많
고
기·는
어 렵 으 니 라

〔모 임 글 익 힘〕(2) 아 래 에, 벌 이 어, 적 은, 말 들 을, 그 림 으 로, 풀 어, 밝 게 말 하

라.

아 름 이 적 고, 짓 이 어, 리 석 음 은, 잘 배 호 지, 못 한, 까 닭 이 니 라.

그꽃은,송이가,크고,빛이곱고나.

(보기)(3) 바람은,불고,눈은,헐어지는데,벗은,길을,떠나는고나.

바람·은 ┃ 불

눈· 은 ┃ 헐 어 지 　 고 　 는·데

벗· 은 ┃ 길· 을 　 써·나·는·고나

(바람은불)파(눈은,헐어지)두,홀로,마디를 (고)로,잇어,줄마디를,삼고,

(는데)로,이를,다시,매임마디되게하나니라.

(벗은)은,이글의임자감이오, (길을떠나는고나)는,풀이감이니라.

(모임글의힘)(3) 아래에,벌이어,적은,말들을,그림으로,풀어,밝게,말하라.

목,길고,이,마,붉은,두르미가,널어가오.

뫼가,아름답고,물이,맑으니,맘이,깃부오.

〔보기〕④ 뿌리가,든든 하면, 꽃도,좋고,여름도,많으니라.

꽃•도 ── 뿌리•가 든든 하•면　좋

열음•도 ── 많 고　으 니 라

〔꽃도좋〕파(열음도많)두, 홀로 마디를〔고〕로, 잇어 한덩이으 ○ 마디가 되게 하고,으니라로,끝 맺으니라.

〔뿌리가 든든하〕를, (면)으로, 붙음마디가 되게 하니라.

〔모임글의힘〕④ 아래에적은,말들을,그림으로,풀어말하라.

가게에는,맛좋은,함흥배도 있고,함종밤도 있오.

봄이오니,날세는,따뜻하고,바람은,잔잔하오.

〔보기〕⑤ 새는,날개가있고,고기는,진어름이가 있오.

새•는 ── 날개•가 있 ── 고

고 기•는 ── 진 어 름•이 가 ── 고 ── 오

(새는)은임자감이오(날개가있)은풀이몸인데(날개가)는,아조각마디

의임자감이오, (있)은,이풀이몸이니라。

(새는날개가있)과(고기는,진어름이가있)두마디는,조각마디를,풀

이로삼은것인데, (고)로,잇고, (오)로,끌맺으니라。

(모임글익험)(5) 아래에,벌이어적은,말들을,그림으로,풀어말하라。

꽃이,있음은,여름의비롯이요,웃음이있음은,질김의보람이니라。

나무는,꽃이있고,사람은,웃음이있도다。

(보기)(6) 옳은,일이,이룸이,있기가,쉽으니라。

옳•은
일•이
이룸•이　있•기가　쉽
으니라

이룸(이)있은,죠각마디요(이룸이,있기가쉽)은,겹마니디라。

옳은,일이는,임자감이니라。

이룸이,있기가쉽)은(옳은일이)의풀이감노릇을함으로,곳,겹마디

가 다시 조각마디 된 것이니라。

아래에 벌이어져은 여러 말율 그림으로 풀어 밝게 말 하라

풀버레가 몸이 푸름은 몸을 숨기고저 함이니라。

그 사람은 이 일에 뜻이 없가 가 쉽으니라。

(보기)(7) 땅덩이가 목숨이 있기까지 꽃답은 아름이 흐르리라。

땅덩이가	목숨이 있기까지		
	목숨이 있기	꽃답은 아름이	흐르리라

(땅덩이가)는 임자감이요 목숨이 있은 마디 풀이 몸인데 (목숨이)는 이 조각마디의 임자감이요 (있)은 이 풀이 몸인데도 음말 (까 지)를 더 하여 움말 (흐르)의 매임마디가 되게하나니라。

(일홈이)는 이 으뜸마디의 임자감인데 (꽃답)은 그림 딸림이요

(흐르리라)는, 으뜸마디의 풀이감이니라.

(모임글의힘)(7) 아래에, 벌이어져은, 여러말들을, 그림으로, 풀어, 밝게 말하라.

여럿이, 손맞은이, 일이, 엇지, 잘되지아니하리요,

덕줄사람은, 맘도, 없는데, 김치국불어, 먼저, 마신다.

(보기)(8) 그사람은, 참이, 있음으로, 말이, 적으니라.

참·이 │ 있·음·으·로

그·사·람·은 │ 말·이 │ 적 으니라

(참·이)는, 임자감이오, (있)은 풀이몸인데, (음으로)가, 들어서, 이를, 낄 말, (적)의 매임마디가, 되게 하니라

(그사람)은, 으뜸마디의 임자감이요, (말이적으니라)는, 으뜸마디의 마디풀이니라.

(모임글익힘)(ㅂ) 아래에벌리어적은여러말을,그림으로,풀어밝게,말

하라.

함이적은,그사람이말은,쉽으니라.

길이넓으니,수레가,굴어가기가,좋다.

(보기)(ㅐ) 말이쉽은,저런사람도있고,뜻이굳은,이런사람도있고,나

```
말·이 ─ 쉽·은
저러·ㄴ ─────── 사람·도 ─── 있
뜻·이 ─ 굳·은
이러·ㄴ ── 사람·도
              있
                   고
                      고나
```

(저런사람도있)은,으뜸마디요, (말이쉽은)은딸림마디요.이들은덧

마디라.

(이런사람도있)은,으뜸마디오, (뜻이굳은)은딸림마디오.이들은덧

마디니라。

(맘이쉽은,저런사람도있)과(뜻이군은,이런사람도있)두,덧마디를,

(고)로,잇어,홀로마디로만들고、 (고나)로,끝맺으니라。

(모임글익힘)(9)아래에벌이어적은,여러말들을그림으로,풀어밝게

말하라。

우리땅에는,고기많은,바다도있고,쇠돌,흔한,뫼도있오。

안방에가면,시어미말이,옳고,부엌에가면,며느리말이옳다。

(보기)(10)사람이,하욤없이,살기는,부끄럽으니라。

하 욤•(어) 없 이

사 람•이 | 살•기 는

부끄럽•으니라

(하욤(이)없이)는,붙음마디요、 (사람,살)은,으뜸마디요、 (사람,이,하

욤없이살)은,덧마디니라(부끄럽으니라)는풀이감이니라。

(사람이하욤없이살기가)는、(부끄럽으니라)의임자감노릇을함

으로、곳、덧마디가조각마디된것이니라.

(모임글의힘)⑩아래에벌이어적은여러말들을그림으로풀어밝게

말하라.

뜻여린사람、넘어지기는、가을바람에떨어지는잎과같으니라.

일은비롯이없으면끝도없다.

맞은없이빛만좋기는、가살구니라.

(보기)⑪사람이길바르게나아가면、일이이루어지리라.

길·(이)바 르·게

사 람·이 나 아 가·면

일·이

이 루 어 지·리 라

(길(이)바르게)는、붙음마듸요、(사람이나아가)는、으뜸마디요、(사

람이길(이)바르게나아가)는、덧마디니라.

(일이이루어지리라)는、으뜸마디니라.

(사람이길바르게나아가면)은、(이루어지)의매임감노릇을함으로、

곳덧마디가、붙음마디로、된것이니라.

(모임글익힘)(11) 아래에、벌이어적은、여러말을、그림으로、풀어밝게、말하라.

뜻여린사람이、모인、그、모듬이엇지오래가리요.

같은、일이라도、힘잇는、사람이하면、그、일이매우쉽게되나니라.

(보기)(12) 봄이오니목숨가진물건은、다、질김이있게、움죽이는고나.

목숨·을
가지·ㄴ
물건·은
질김·이 있·게 움죽이·는고나
봄·이 오·니

(목숨을가진)은、임말의딸림감인데、물건과、어우르러、한임말과、같

이 되 고, (은)을더 하 여, 엄 자 감 이 되 며, (움 죽 이 는 고 나)는, 풀 이 감

이 되 고, (질 김 이 있 게)는, 그 매 임 마 디 가 되 나 니 라.

(봄 이 오 니)는 다 시, (질 김 이 있 게 움 죽 이)의 매 임 마 디 가 되 나 니 라.

목 숨 을 가 진 물 건 은, 질 김 이 있 게 움 죽 이)를 다 시, 으 뜸 마 디 로 삼 고,

(봄 이 오 니)를, 붙 음 마 디 로 삼 으 니 라.

(모 임 글 의 힘) (12) 아 래 에 벌 이 어 적 은 여 러 말 을 그 림 으 로, 풀 어 밝 게 말

하 라.

일 이 되 라 고, 뜻 같 은 사 람 이 모 이 는 도 다 골 이 깊 으 니 소 리 가 힘 있

게 울 리 는 도 다.

붙 어 적 음

(一) 말 적 음 의 옳 고, 끓 은, 본 보 기

끓음	옳음	끓음	옳음	끓음	옳음
되 엿 다	하 여 서	지 엇 다	하 야 라	개 엿 다	하 얏 다
되 엿 다	하 여 서	지 엇 다	하 여 라	개 엿 다	하 엿 다

닑음	밝음
팔으라고	팔라고
추우면	추으면
잇섯다	잇엇다
보앗섯소	보앗엇소
속아서	속어서
노오니	놓으니
곳다	끈으니
다라서	달어라
엇어서	얼어서
밋는다	밋는다
갓호니	갈어서
붓허서	불어서
할허라	할어라
밧을	발에
밋헤니	밑에
눕호니	높으니
갑고	갑고
업호면	엎으면
집흘	깊을

닑음	밝음
놀으란다	놀란다
더웁다	덥다
잇스면	잇스면
팔앗다	팔앗다
밧아서	밥어서
끌드니	끈으니
못히엇다	물히엇다
엇으니	얼으니
것는다	걸는다
붓으니	불히니
찻치니	헐히니
헛헛다	벌에
벗헤	김에
김허서	높이어서
눕히다	갑이어서
갑호다	앉엇다
압헛로	갑엇다
나무입히	나무앞이

닑음	밝음
어러우니	어렵으니
하엿섯다	하엿엇다
잡아라	잡어라
비다아서	밥어라
벗으면	달어서
못엇다	범엇다
닷아라	말엇다
돗는다	돔는다
맛는다	밝는다
얏다	얄다
밧헤	발에
벗헤	벌에
김히이	김히
눕히	높이
덥허라	뎝어라
압헤	앞에
숩헤	숲에

(二) 녯 말, 이제 말。

녯 말	이제 말
섭흘	섭을
찻는다	찻는다
이젓다	찾다
안저서	낫엇다
팻치	앗엇다
빗이	빗이
좃코	좋고
일엇다	일엇고
알는다	앓는다
암락다	앓닭
물고기	물사고기
언는다	엇는다
읇허다	읇섯다
홀럿다	흘엇다
절머서	젊어서
얼거서	읽어서
싹가서	깎어서
안니	않이

녯 말	이제 말
마젓다	맛엇다
느지니	늦으니
잇고	낫고
짓는다	짓울
홋츨	꼿울
싹는다	쌍는다
조흐니	좋으니
알코	많고
밧개서	밖에서
밤사람	밤사사람
만저라	맛어라
실락	싫다
알다	얇다
굴므니	굼으니
말그너	닭으니
복갓다	복엇다

녯 말	이제 말
차자서	찾어서
낫고	낫고
젓을	젓을
좃는다	좃는다
빗치	멋이오
멋치오	쌍어라
조하서	좋어서
만히	많이
강사람이	강사사람
집삭이	집삿이
넛코	넛요
글오서	슬푸다
널버서	얇어서
살멋다	닭어다
닥거라	닦어라
석그니	써으니

녜ㅅ 말	이제 말
서르	서루
글왈	글월
하	많
넉이	넉히
엄	엄니
처 **섬**	처음
갑	나란이
입시울	입술
알애	알에
가비얍	가볍
블	불
믈읫	무릇

모로매　　모롬죽이

더으　　　더하

맞갑　　　제일

낮갑　　　낮

귿　　　　끝

뮈　　　　움죽이

바랄　　　바다

예　　　　일본

열음　　　꽈실

늣믄　　　샹셔 （룡비어뎐가）

즈믄　　　쳔

가름　　　강

가시　　　안네

얼우　　　얼추

사람서리　인간

주비　　　때

즘게　　　산나무들

재여리　　중매

전차　　　인연까닭

드틀　　　티끌

항것　　　샹뎐

산재　　　오히려

마름　　　병쟝 (월인쳔강지곡)

툐움　　　겺움

놀　　　　노루

졍븜　　　두려움

표제어	뜻풀이
과하	닐걸으
천	재산천량
두들에	수갑책사고 （선종영가집언해）
잘카냥하	교만하
굿	언쟝
하다가	만일
마개오	증험하
바리	회
간이	비유하
가즐비	죽은사람
거우루	거울
곡되	쪽두
노외야	다시

닷	탓
도최	도치　（능엄경언해）
갈해욤	도치 분별
해	많이
하리	참쇼
맛드	질기찬성하
김	긴웅
다리우리	다르미
엿쇠	열쇠
배	망하
아배고마	셔모
접옴	용서
않뒤	앞뒤

찰히　　　차라리

거유　　　게우

녀　　　　가하

고마하　　존슝하

자올아이하　천압하

조널이　　감히

날아오　　천하

봄뇌　　　뽐내

지르　　　림하

아랍집　　제집

무적　　　무덕이

짓　　　　집

뉘　　　　평생

발옴	분별하	갓	섰	문갊	차반	아음	듭겁	뇌	얼믜	긔걸하	뫼아리	애와티
벌	근심하	깎	진분	영쟝하	먹이	찬쳑	방탄하	사	성긔	졔어하	맞은소리	한하

정이　　　　으르

다회　　　　띡

둠던　　　　두남하

다삼　　　　거짓것가사자

그위실　　　구실

입거웆　　　수염

유무　　　　소식편지

이럼　　　　이랑 (내훈)

위안　　　　동산

사랑하　　　생각

부업　　　　부억

노릇바치　　노름바치

새배　　　　새벽

아츤아들　　　　조카

하옷　　　　　　홋

글지이　　　　　시ㅅ군

우음　　　　　　웃음

허튀　　　　　　종아리

바지롭　　　　　공교하

서　　　　　　　섯갈래

구위　　　　　　공공

고고리　　　　　꽉지젓

찰　　　　　　　근원

솝　　　　　　　속

잣　　　　　　　성

시욱　　　　　　전

버덩　　　　칭계
지새　　　　가와
뭇지　　　　질문
사잇해　　　중년
샤옴　　　　남편사위
글위　　　　건에
너홀　　　　말오양
멀험　　　　물어른　（두공부시언해）
달마기　　　단추
사오리　　　걸상
보로기　　　포대기
어르　　　　얿에
계우　　　　강하

납　　　원숭이 (사성통해)

끼니　　때

싸눈　　살악눈

무뤼　　무리, 누리, 우박

인애　　아지랑이

드르　　들

뉘누리　돌물

목에　　복물

맹엇　　지경

요함　　왕골

반초　　파초

눈비얏　익모초

머위　　포도

도르랏　　명아자

두지쥐　　두더쥐

거붑　　거북

골왕이　　울엉이

혀　　서캐

보조개　　조개볼

애　　창자

오미뇌　　미우끝

거웆　　수염

그름에　　그림자

고마　　안아서첩

긴　　세계

솝　　속

누리　　　새상

다므살이　더부살이

서흐레　　섬돌

매유　　　매확,똥

물자애　　용두레

버덩　　　모탕

사으　　　쥐사위

발외　　　씰에

당방울　　공

상화　　　만두

고　　　　거문고

비화　　　비파

버위리　　벙어리

고곰	학질
영	이제
쉬	곡사
우움	우쿰
안득	긇이
마대	위
가개	막맞흠 (훈몽자회)
곳한	작인
겨기	접대
파글리	넘우
다무기	도무지
다짐	중서
살이	살이아림

아기　　오즉다만

아야　　겨우

안자기　가장

이사　　정작　（너도）

몬　　　물건

길잡이　인도자

조각　　한가　（동언해）

가극하　급하　（법어）

비르　　비루

부록　　뱃곱

초리　　꼬리

마상이　말아지　（마경언해）

온　　　백　（백연초언해）

마　　　남쪽

시　　　동쪽　（호새설）

아시　　봉

밀이　　밀기　（고금석임）

조이　　과부　（권덕규짓음조선어문경위에서）

大正十四年五月十五日　印刷

大正十四年五月十八日　發行

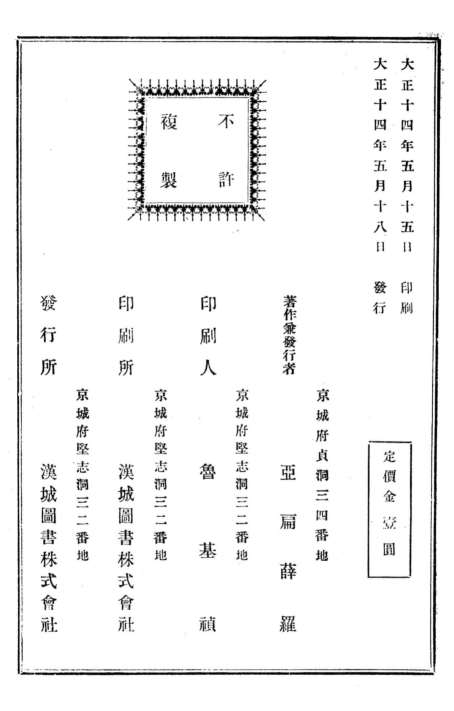

不許複製

定價金壹圓

著作兼發行者　京城府貞洞三四番地

亞扁　薛羅

印刷人　京城府堅志洞三二番地

魯基禎

印刷所　京城府堅志洞三二番地

漢城圖書株式會社

發行所　京城府堅志洞三二番地

漢城圖書株式會社

잘 뽑은 조선말과 글의 본

인쇄일: 2025년 3월 15일
발행일: 2025년 3월 30일
지은이: 김진호
발행인: 윤영수
발행처: 한국학자료원
서울시 구로구 개봉본동 170-30
전화: 02-3159-8050 팩스: 02-3159-8051
문의: 010-4799-9729
등록번호: 제312-1999-074호

정가 150,000원